3日でわかる法律入門

はじめての
債権各論

第9版

尾崎哲夫著

自由国民社

はじめに——法律をみんなのものに

❖私たちと法律

「法律は難しい」というイメージがあります。

また「法律は専門的なことで，普通の人の普通の生活には関係ないや」と思う人も多いことでしょう。

しかし，国民として毎日の生活を送るかぎり，いやおうなしにその国の「法律」というルールの中で生きているはずです。

クルマに乗れば，道路交通法に従わなければなりません。

商取引は当然，商法などの法律の規制の下にあります。

私達はいわば法の網の目の中で，日々の生活を過ごしているわけです。

法律の基本的な知識を持たずに生活していくことは，羅針盤抜きで航海するようなものです。

❖判断力のある知恵者になるために

法律を学ぶことには，もう一つ大きな効用があります。

法律を学ぶと，人生において最も大切な判断力が養われます。

ともすればトラブルを起こしがちな人間社会の生活関係において，そこに生じた争いごとを合理的に解決していく判断力を養うことができます。

たとえば，学生が学校の銅像を傷つけたとします。

判断力のない小学生の場合，次のような反応をします。

「えらいことをしてしまった。叱られるかな，弁償かな」

でも法学部の学生なら，次のような判断ができるはずです。

「刑法的には，故意にやったのなら器物損壊罪が成立する」

「民法的には，故意／過失があれば不法行為が成立する。大学は学生に対して損害賠償請求権を持つ」

このように判断した後ならば，次のような常識的判断も軽視できません。

「簡単に修理できそうだから，問題にならないだろう。素直に謝って始末書を出せば平気かな，わざとやったわけではないし」

❖民法は「法律の王様」

数ある法律の中でも，民法は「法律の王様」といわれています。

それは，**民法の中にあらゆる法律の基本的な発想が埋め込まれている**からです。民法のジャングルの中に入り込み，システマティックに学んでいくことは，法律のすべてをマスターしていく近道なのです。

❖誰でもわかる法律の本を

ところが従来の法律の本は，民法にかぎらず専門的すぎてわかりづらいものがほとんどでした。法律はやさしいものではないのだから，読者が努力して理解するものだ，という発想があったことは否定できないと思います。

かなり優秀な法学部の学生や基礎的知識のある社会人などを対象として，筆者が思うままに書き進めるパターンが支配的だったように思われます。

しかし法律をみんなのものにするためには，理解しようとする人なら誰でもわかる本を書いていかなければならないと思います。

失礼な表現かも知れませんが，**平均以上の高校生が理解できるように書き進めました。**高等学校の公民＝政治経済の授業で平均以上のやる気のある高校生に対して，黒板で説明していくつもりで書いていきました。

一人でも多くの方がこの本をきっかけに法律に親しみ，判断力を養い，法律を好きになっていただければ，望外の幸せであります。

自由国民社はできるだけわかりやすい法律の本を，安く提供することに努力を傾けてきた出版社です。自由国民社のこのシリーズが長く愛読されることを願ってやみません。

平成 30 年 6 月吉日

尾崎哲夫

〈付記〉

編集担当者として努力を惜しまれなかった自由国民社の竹内尚志編集長に心から御礼を申し上げます。竹内氏の能力と情熱がなければこの本はできなかったことでしょう。

この本の使い方

この本は民法典の「第三編　債権」のうち第二章から第五章までに対応しています。

この本の第1時間目から第4時間目までを，それぞれの章に対応させています。

そしてこの本の第0時間目は「序論」として，一番前に持ってきました。

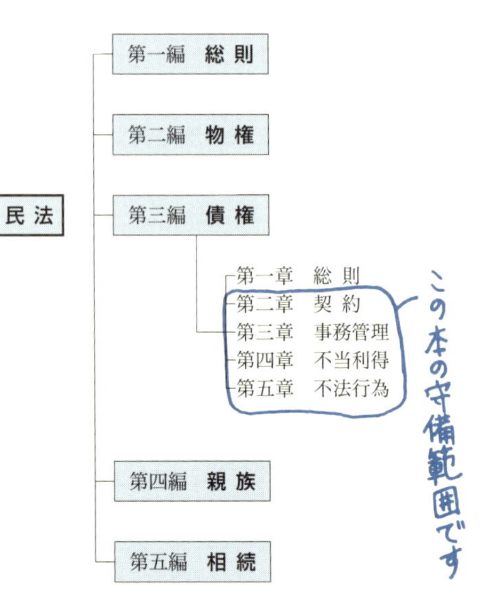

それぞれのページの中で出てくる民法典の条文のうち，参照しながら読んでほしいものは，そのページか隣のページの下の方に，わかりやすい訳文にして載せてあります。

そして巻末には，重要な条文をまとめて掲載しました。

電車の中で，六法を参照できないときにも読めるように工夫しました。

ふりがなもつけてありますので，なるべく条文になじむようにしてください。**なおこの本の内容は，2020年4月1日施行の改正法にもとづいて書かれています。**

記憶すべきまとまったことがらについては，黒板の中に整理しました。

試験対策として使えるはずです。

試験対策でなくてもある程度の基本事項を記憶していくことは，さらに勉強を進めるにあたって，重要なことです。

覚えるほうがよいと思われる事項については，黒板のまとまりごとに記憶し，次のステップに対する準備としてください。

巻末にさくいんもつけてあります。適宜ご利用ください。

❖民法（主に債権各論）に関する本

⑴『民法Ⅱ債権各論』内田貴著（東京大学出版会）
代表的な基本書。
⑵『民法（全）』潮見佳男著（有斐閣）
⑶『民法Ⅳ債権各論』藤岡康宏ほか著　有斐閣Ｓシリーズ（有斐閣）
⑷『基本講義　債権各論Ⅰ』潮見佳男著（新世社）
⑸『民法判例百選Ⅱ』窪田充見・森田宏樹編（有斐閣）
⑹『決定版　民法がこんなに変わる！』中里妃沙子監修（自由国民社）
⑺『新ハイブリッド民法４ 債権各論』滝沢昌彦ほか著（法律文化社）

❖法律一般に関する本

⑴『模範六法』(三省堂)

⑵『法律用語ハンドブック』尾崎哲夫著(自由国民社)

ハンディサイズに約1800語を収録。基本法律用語を丁寧にまとめました。

⑶『相手を訴える法律知識』野口恵三ほか著 (自由国民社)

トラブルに巻き込まれたときの訴え方を詳しく紹介。

⑷『図解による法律用語辞典』大須賀明ほか著 (自由国民社)

法律用語をやさしくかつ専門的に網羅。

⑸『法律の抜け穴全集』富田晃栄ほか著 (自由国民社)

⑹『法律英語用語辞典』尾崎哲夫著 (自由国民社)

⑺『法と社会』碧海純一著 (中央公論新社)

法と社会についてのわかりやすい解説書。

⑻『江戸の訴訟』高橋敏著 (岩波書店)

江戸時代の訴訟状況が，具体的事例を通して興味深く書かれている。

⑼『ドキュメント裁判官』読売新聞社会部著 (中公新書)

⑽『ドキュメント検察官』読売新聞社会部著 (中公新書)

⑾『ドキュメント弁護士』読売新聞社会部著 (中公新書)

もくじ

3時間目 債権第3・4章

4時間目 債権第5章

本文デザイン——中山銀士　カット——(本文)すぎうら ゆう

0時間目
序論
「債権各論」って何だろう?

▶六 法

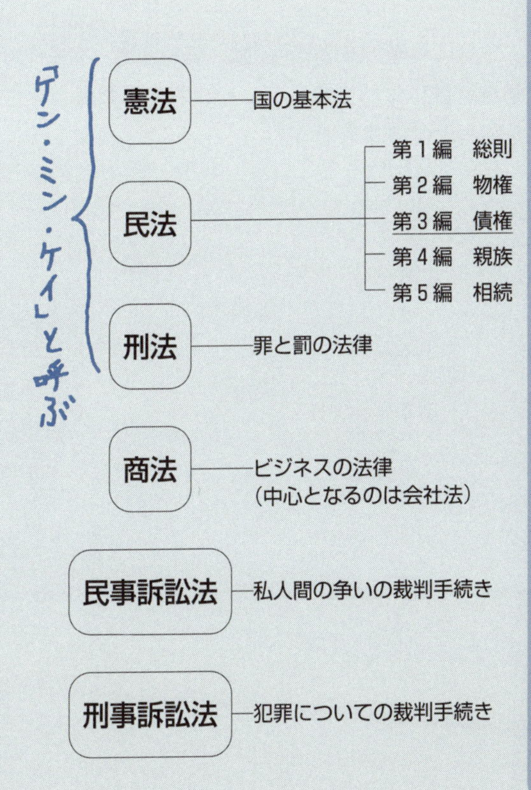

●1●
債権各論とは

まず債権各論の守備範囲を決めましょう。

民法は，財産法と身分法に分けられます。

財産法は物権と債権に分けることができます。

その債権を総論と各論に分けたもののひとつが，債権各論です。

さらに債権各論は**契約総論**（けいやくそうろん）・**契約各論**（けいやくかくろん）・**不法行為**（ふほうこうい）・**事務管理**（じむかんり）・**不当利得**（ふとうりとく）に分けて考えることができます。

図示してみましょう。

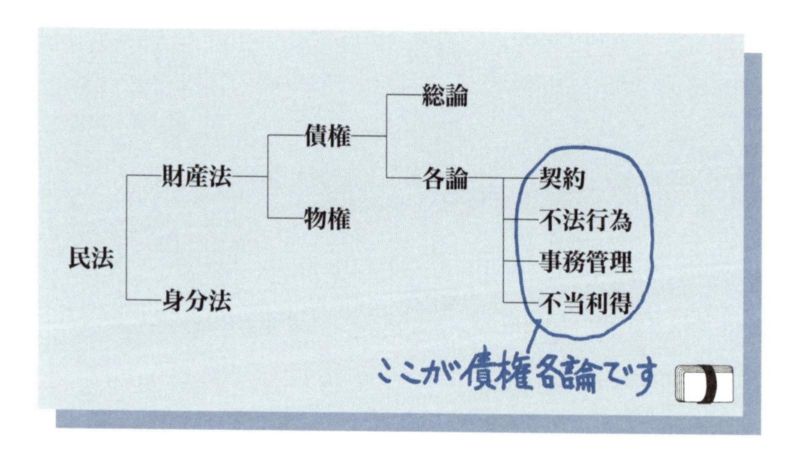

●2●

民法典の中での債権各論

もう少し債権各論のイメージを定着させましょう。

民法典の中での債権各論の位置づけを，視覚的にも捉(とら)えておきましょう。

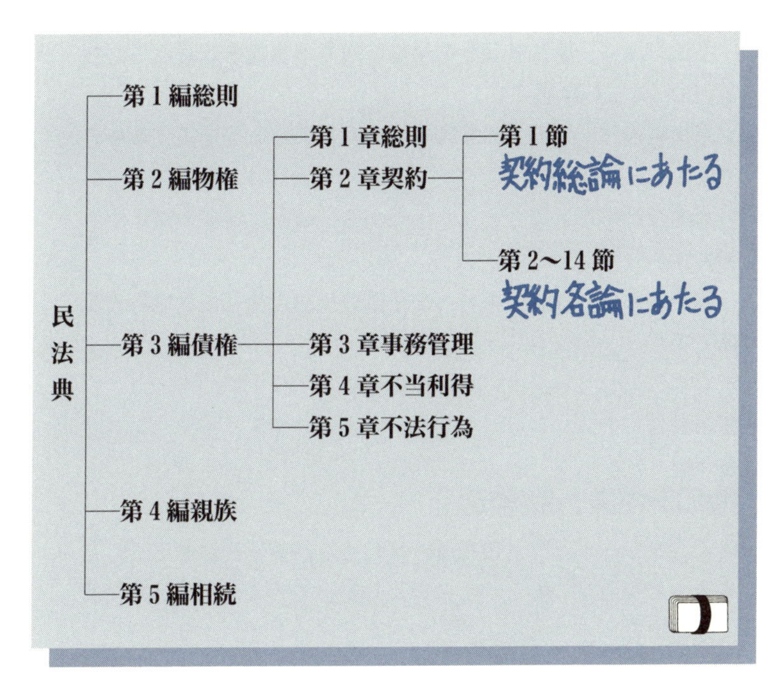

●3●

4つの債権発生原因

契約・不法行為・不当利得・事務管理は，債権発生の4大原因です。

契約は資本主義社会に置ける中心的なものであり，債権の中の王様でもあります。

不法行為は，第三者からの侵害に対する保護を目的とし，損害賠償請求(そんがいばいしょうせいきゅう)の原因です。

不当利得は，法律上の原因のない利益の移動を修正するものです。

不当な利得を返還させたりしながら，公平な状態に修正するのです。

事務管理は，他人の権利への干渉の規制と相互扶助精神(そうごふじょせいしん)の調節です。

いずれにしても，この4つは債権の4大発生原因であり，債権各論はこの4つに分けることができるのです。

●4●

他のテキストの構成

このシリーズでは，債権を「はじめての債権総論」と「はじめての債権各論」の2つに分けました。このように，債権総論と債権各論に分ける構成が，従来多かったと思います。

最近では，債権総論と契約と不法行為・不当利得・事務管理の3つに分ける構成や，債権総論と契約総論と契約各論と不法行為・不当利得・事務管理の4つに分ける構成があります。

●5●

まとめ

要するに債権各論というのは債権発生原因であり，そのエースである契約と３人組＝不法行為・事務管理・不当利得のカルテットなのです。契約は，契約の総論的部分と契約の各論的部分に分けられます。

契約の各論的部分というのは，贈与・売買・交換・消費貸借・使用貸借・賃貸借・雇用・請負・委任・寄託・組合・終身定期金・和解のことです。

契約の各論的部分は，次のように分類できます。

①財産を移転するタイプ：贈与・売買・交換
②財産を利用するタイプ：消費貸借・使用貸借・賃貸借
③労働力を提供するタイプ：雇用・請負・委任・寄託
④その他のタイプ：組合・終身定期金・和解

以上13の各論的部分は典型契約と呼ばれ，民法典に規定されています。

さらに，民法典に規定されていない契約もあります。非典型契約といいます。

例えば，洋服の注文契約（売買＋請負）や出版契約，Ｊリーガーの専属契約，ホテル宿泊契約，リース契約など，いろいろあります。

1時間目
民法債権第2章第1節 契約総論

▶ここで学ぶこと

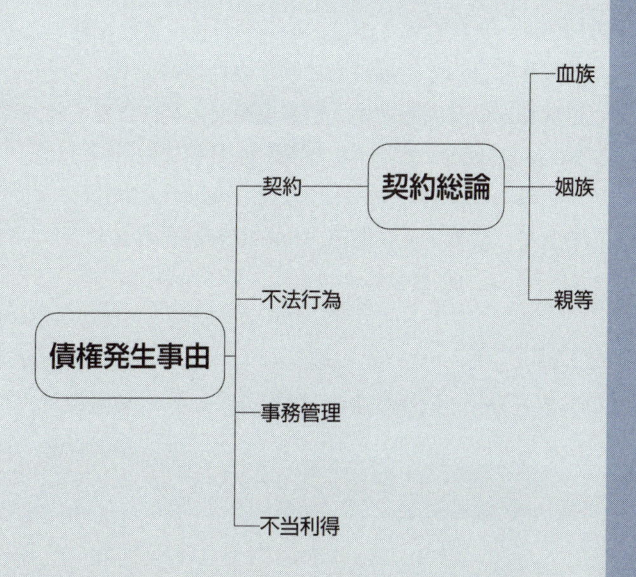

❶ ▶ 契約とは？

●1●
毎日毎日契約の渦の中

朝起きて電車の切符を買います。立ち食いそばで天ぷらそばを食べます。昼休みに株を購入します。

これらはすべて契約です。

タクシーに乗るのも契約です。

私達は契約なしに１日も過ごすことはできません。

そして契約の自由は，近代私法の三大原則の１つになっているのです。近代資本主義は，個人の自由・平等を基本に据えながら，私的自治（してきじち）の原則の上に成り立っています。

近代私法の三大原則は，所有権絶対（しょゆうけんぜったい）・契約自由（けいやくじゆう）・過失責任（かしつせきにん）の３本の柱に分かれます。　契約自由の原則＝私的自治の原則

契約はこの３本の柱の１つなのです。

そして，債権・債務関係の中心でもあるのです。

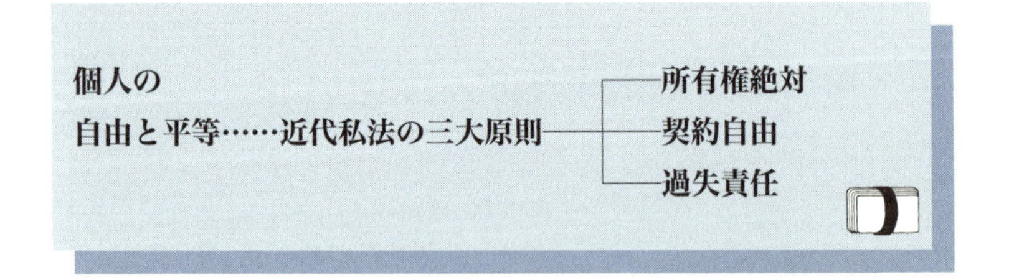

●2●
資本主義と契約

近代資本主義社会では次の3つが基本です。

①商品を作って売る資本・会社
②商品を買う消費者
③労働力を売って給料をとる労働者

この結果，売買契約と雇用契約が，大きな役割を果たすようになります。

●3●
契約自由の原則と反省

近代資本主義では，資本家と労働者，富める者と持たざる者の差別が発生しました。

それで，古典的な契約自由の原則を修正し，労働者側に労働権という武器を与えました。**雇用契約の自由に実質的修正**が加えられたのです。

また，資本は独占化する傾向があります。

独占化した大資本はマーケットにおいて猛威をふるいます。**独占大資本の力を規制するために，独占禁止法(どくせんきんしほう)などが制定されました。**

これも古典的な契約自由の原則の修正です。

●4●
事情変更の原則

一度当事者が決めた契約内容は，変えるべきものではありません。あとで契約内容がくるくる変わるようでは，誰も安心して契約を結ぶことができません。

しかし，契約締結後に事情が大幅に変更され，契約締結内容をそのままにすると一方にあまりに不利・不公平になり過ぎる場合に，**信義則・公平の原則**によって契約内容を一部変更することも例外的に認められています。

たとえば契約締結後に猛烈なインフレが発生し，通貨の価値が10分の1になったときなど，売買代金を変更することが考えられます。

●5●
普通取引約款

生命保険契約・銀行との取引契約などでは，独占企業が画一的で網羅的な契約パンフレットをあらかじめ用意しているのが普通です。

独占企業…電力会社、ガス会社、鉄道会社など

独占企業側は，自分たちが不利にならないように巧みに契約内容を工夫しています。また，あらゆる状況にそなえて詳細に規定されています。

消費者としては，パンフレットが詳細すぎて読みづらく大変面倒な内容になっています。

消費者はろくに読まずに契約をしてしまい，突発的な内容が起こった場合に自分にとって不公平な内容になっていることに気付き，がく然とすることがあります。

このような普通取引約款＝独占企業の画一的・網羅的契約内容を，どのように考えて規制していくかが現代的課題のひとつです。

6 契約と信義則

信義則は民法全体を貫く原則ですが，とくに債権法に適用されることが多いものです。その中でも，契約こそ信義則の原則が一番活躍するところです。

雇用契約において，使用者の労働者に対する安全配慮義務や売買契約の付随義務も，信義則の原則から導かれたものだといえるでしょう。

7 契約の種類

民法典に定めてある第 3 編第 2 章第 2 節贈与から第 14 節和解までの 13 種類の契約を，典型契約と言います。

よく使われてきた典型的な契約が，民法典に置かれているのです。民法典に名前があるので、有名契約とも言います。

この 13 種類以外の契約を，無名契約と言います。この 13 種類を 4 つの種類に分けて図で説明しましょう。

典型契約＝13 種類を 4 種類に分けて展開すると…

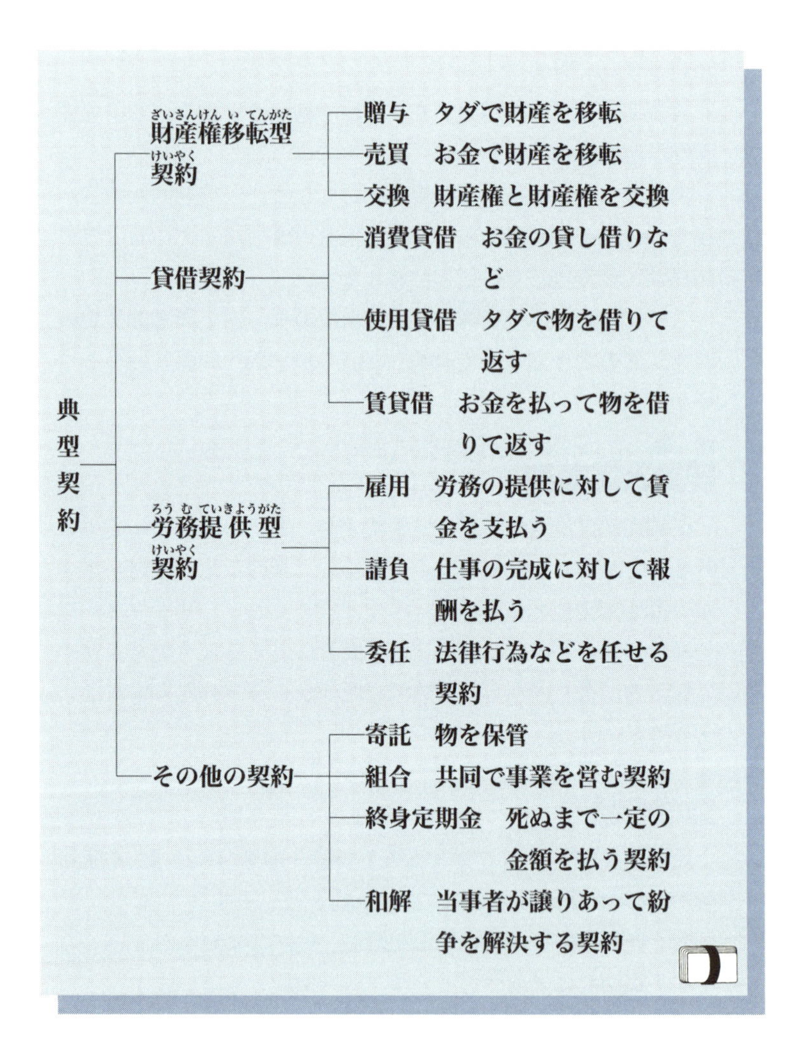

贈与はタダ・売買はお金・交換はお金以外の財産権を対価とする財産権移転契約です。

消費貸借はお金を貸す・使用貸借はタダで使わせる・賃貸借は有料で使わせる契約です。

雇用は労務自身を・請負は仕事の完成を・委任は事務処理を目的として，労務を提供する契約です。

●8●

双務契約と片務契約

契約の当事者双方が債務を負担する契約を，双務契約(そうむけいやく)といいます。

契約の一方のみが債務を負担する契約を，片務契約(へんむけいやく)といいます。

契約の当事者双方が経済的支出をする契約を，有償契約(ゆうしょうけいやく)といいます。

契約の一方のみが経済的支出をする契約を，無償契約(むしょうけいやく)といいます。

双務契約＝有償契約、片務契約＝無償契約になるのが一般的です

これらの区別は次の2点において出てきます。

①双務契約では，同時履行(どうじりこう)の抗弁権(こうべんけん)と危険負担(きけんふたん)の規定が適用される。

②有償契約では，売買の規定が原則として準用される。

典型的な有償契約だから

物の交付を必要とする要物契約といい，必要としないものを諾成契約といいます。

お金の貸し借りの場合は「貸してあげる＝貸してくれ」という意思表示の一致だけでは契約は成立せず，現実にお金が渡されたときに成立します。要物契約はこのような契約です。

要物契約…物が要る契約

諾成契約…承諾ですむ契約

●9●

継続的契約と単発的契約

契約期間中に履行が繰り返される契約を継続的契約といい，一回の履行で契約関係が終了する契約を単発的契約といいます。

例えば，賃貸借や雇用契約は継続的契約です。他方，売買や贈与は単発的契約です。

この区別の実益は，継続的契約においては，告知の制度が認められることです。告知とは，契約の効力を将来に向かって消滅させる一方的意思表示です。賃貸借や雇用契約においては告知制度が使われます。

告知は，契約を過去に遡及して消滅させる解除とは全く違う性質を持っています。

民法の規定上は，告知の意味であっても，「解除」(607・620条) や「解約」(617・618条) の用語を使っています。

❷ ▶ 契約の成立

●1● 契約の成立とは

本屋さんに行って，六法全書を本棚から取りだし，カウンターに近づき，店員さんに本を差し出したときに契約が成立したと言えるでしょう。

お金を払って本をもらったら契約終了でしょう。

原則として，2人の人間の意思表示が一致して契約が成立します。

●2● 申し込みと承諾

二人の意思表示で，**先に行われたものを申し込み，後のものを承諾（しょうだく）**といいます。

●3● 申し込みの誘引

申し込みというのは，あくまでも契約しようという意思表示です。たとえば，私が友人に「この時計を買いませんか」と誘っただけで具体的な値段や引渡しの時期を表示しない段階では申し込みの誘引（ゆういん）です。

●4●
申し込みと撤回

承諾の期間を定めた申し込みは原則として撤回できませんが，撤回する権利を留保することもできます（523条）。

承諾の期間を定めない申し込みは，対話者に対する申し込みか，隔地者に対する申し込みかで撤回の可否が決まります。対話者に対する申し込みは対話が継続している間は撤回できるのに対し，隔地者に対する申し込みは相当期間が経過するまで撤回できません（525条）。

●5●
承諾

申し込みに対し，同意して契約を成立させる意思表示を承諾といいます。

期間の定めのある申し込みの場合は，承諾の通知は期間内に相手に到達（とうたつ）しなければなりません（523条2項）。

申し込みに対して変更を加えて承諾すると，当初の申し込みを拒絶すると共に，新たな申し込みをしたものとみなされます（528条）。

期間経過後に到達してしまった承諾は，承諾をした人からの新たな申し込みとみなされますので，最初に申し込みをした人が承諾すれば，契約は成立します（524条）。

523条〔承諾の期間の定めのある申込み〕承諾の期間を定めてした申込みは，撤回することができない。ただし，申込者が撤回をする権利を留保したときは，この限りでない。
②申込者が前項の申込みに対して同項の期間内に承諾の通知を受けなかったときは，その申込みは，その効力を失う。
524条〔遅延した承諾の効力〕申込者は，遅延した承諾を新たな申込みとみなすことができる。

たとえば，私が友人に「私の時計を1万円で買っておくれ。1週間以内に返事をくれ」と申し込んだのに対し，友人は2週間後に「お前の時計を1万円で買う」と言ってきました。

私の申し込みの効力は失効（しっこう）していますが，友人から時計を1万円で買いたいという別の新たな申し込みがあったことになります。友人の意思表示は承諾ではなく，別の新たな申し込みの意思表示になるのです。

私がOKすると，契約が成立します。

承諾者が申し込みの内容を変更して意思表示してきた場合，契約は成立しませんが，別の新たな申し込みとみなされます。

たとえば，先の例で，友人が「5000円なら買う」と言ってきたら，友人からの私の時計を5000円で買いたいという契約の申し込みになるのです。私がOKすれば＝承諾すれば，契約は成立します。契約内容は，私の時計を目的とする5000円の売買契約ですね。

結局，承諾によって契約が成立するためには，

①契約を成立させる意思で申込者に対して承諾し，

②その承諾が申し込み内容と一致し，

③承諾が申し込みが効力を有する期間内になされること

が必要といえます。

525条〔承諾の期間の定めのない申込み〕承諾の期間を定めないでした申込みは，申込者が承諾の通知を受けるのに相当な期間を経過するまでは，撤回することができない。ただし，申込者が撤回をする権利を留保したときは，この限りでない。
②対話者に対してした前項の申込みは，同項の規定にかかわらず，その対話が継続している間は，いつでも撤回することができる。

●6●
契約成立の時期

意思表示については，**民法は一般原則として到達主義**をとっています（97条1項）。したがって，契約は，承諾の通知が相手に到達したときに成立します。

たとえば，撤回の意思表示が到達する前に承諾の通知が到達した場合，承諾到達の時期に契約は成立してしまいます。

●7●
その他の契約の成立

偶然，二人が同じ内容の申し込みをした場合，契約は成立します。これを**交差申し込み**と言います。

私が10万円で車を売りたいと友人に手紙を書いた同じ日に，友人が「お前の車を10万円で買いたい」と手紙を出したような場合です。

懸賞広告と優等懸賞広告もある種の契約です。

懸賞広告は「逃げた猫を捕まえてくれたら1万円あげます」といった広告です（529条）。

優等懸賞広告というのは，法律論文を募集して優秀者に図書券をあげる，というような広告です。

97条〔意思表示の効力発生時期等〕意思表示は，その通知が相手方に到達した時からその効力を生ずる。
529条〔懸賞広告〕ある行為をした者に一定の報酬を与える旨を広告した者（以下「懸賞広告者」という。）は，その行為をした者がその広告を知っていたかどうかにかかわらず，その者に対してその報酬を与える義務を負う。

●8●
事実的契約関係

自動販売機に120円を入れてコーラを買うような場合はどうでしょうか。

5歳の子供が買う場合もありますが，これを意思能力（いしのうりょく）のない意思無能力者（いしむのうりょくしゃ）の行為だから取り消せると考えてしまうと，大混乱が起きるでしょう。

当事者の意思表示の一致とはいえませんが，実際上，契約成立を認めざるを得ないでしょう。**事実的契約関係**（じじつてきけいやくかんけい）の問題，と言われています。

事実的契約関係とは，電車に乗るとか，自動販売機からコーラを買うなどの社会類型的行為があれば，個人の意思に関係なく契約を成立させる理論です。

しかし，意思なしに契約の成立を認めることには反対が強くあります。

もっとも，現実の問題として，事実的契約関係が問題となる事例は電車の乗車やコーラの買い受けなど契約成立を認めても問題となる金額が小さいので，さほど深刻な問題が起きるわけではないとして賛成する見解もあります。

申し込み、承諾、履行までが
硬貨投入により同時に行われるので、
現実売買などと呼ばれています。
自販機を設置すること自体が、
申込の誘引と考えることもできます。

③ ► 契約の効力

●1●
契約の効力

民法は，第 2 章契約の第 1 節総則の第 2 款に契約の効力を定めています。この中に次の 3 つの大きな項目が入っています。

①同時履行の抗弁権
②危険負担
③第三者のためにする契約

上の黒板において，①と②は双務契約の重大ポイントです。
③は契約の効力が例外的に第三者に及ぶ場合です。
なお，契約が結ばれると，一般的に次の効力が生じます。

契約上の債務が履行されない場合に，
①強制履行（414 条）：国家権力によって債務の内容を強制的に実現させます。
②損害賠償（415 条）：相手の債務不履行によって損害を被った場合，金銭でその損害をカバーすることを求められます。
③契約の解除（541 条など）：双務契約の債権者は債務不履行のときに解除することが考えられます。

なお，ここで契約の効力に関するその他の民法の規定を挙げておきましょう。

①典型契約についての規定
②慣習・意思表示についての規定
③債権総論に関する規定
④民法総則に関する規定

●2●
同時履行の抗弁権

佐藤さんが友人にカメラを売ることにしました。

3月末日にカメラを渡し，お金をもらう約束でした。

当日，カメラを持っていくと，友人は「今お金はない」と言うのです。先にカメラを渡してしまわなければならないのでは，不公平です。

カメラを渡してしまって代金をもらえないときに，カメラを返してもらうのも面倒です。この場合，お金をもらえないなら，カメラを手渡すことを拒否できます。

つまり，**相手が債務を履行するまで自分の債務履行を拒否できる権利を，同時履行の抗弁権**というのです（533条）。

533条〔同時履行の抗弁〕双務契約の当事者の一方は，相手方がその債務の履行（債務の履行に代わる損害賠償の債務の履行を含む。）を提供するまでは，自己の債務の履行を拒むことができる。ただし，相手方の債務が弁済期にないときは，この限りでない。

相手の同時履行の抗弁権を消滅させるには，原則として現実の提供が必要ですが，次の場合には口頭の提供で足ります。

①相手が受領を拒否する場合
②債務の履行につき相手の協力が必要な場合

現実の提供…たとえば，目的物を持参するなど債権者がそのまま受領できる程度にまで提供すること

口頭の提供…現実の提供をするのに必要な準備を完了して債権者に受領を催告すること

●3●
同時履行の抗弁権の効果

同時履行の抗弁権の効果の主なものは次の2つです。

①履行遅滞責任が発生しないので，損害賠償義務はない。
②たとえ催告されても，相手から解除されることはない。

それでは，図でまとめてみましょう。

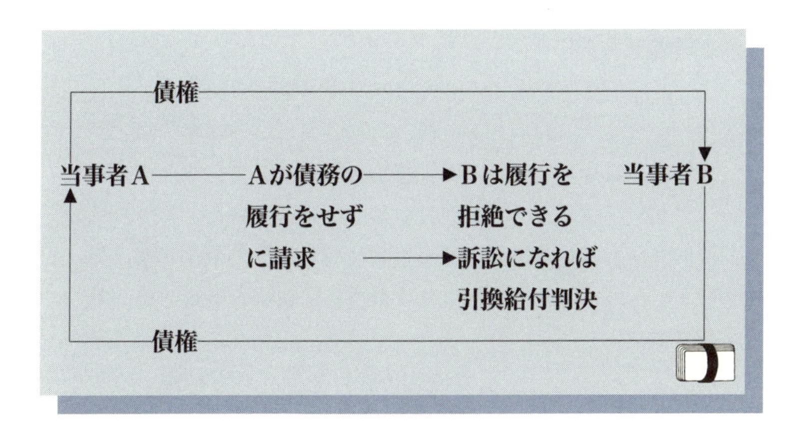

●4●
同時履行の抗弁権の類推適用

契約に基づく債務とはいえない場合にも，この同時履行の抗弁権が問題になります。

土地を借りていた人の建物買取請求権と，貸していた人の土地の明渡し請求権は同時履行の抗弁権の関係にあるはずです。しかし，判例は認めていません。

●5●
危険負担

危険負担は，双務契約において，一方の債務が債務者に責任なく消滅した場合に，債権者は反対債務の履行を拒めるか，という問題です。

たとえば，私が友人に1万円でパソコンを売る契約をしました。

きちんと保管していたのに，盗まれてしまいました。

パソコンがなくなったことにつき，私の過失はないので，私のパソコン引渡し債務の履行は不能になり，損害賠償義務は発生しません。このとき，友人は代金支払い債務を拒めるか，という問題です。

民法は，原則として反対債務の履行を拒めるとしています（536条1項）。

上の例でいえば，私の友人は代金の支払いを拒めるのが原則ということになります。双務契約において互いの債務が結びついていることからすれば，私がパソコンを引き渡せないのなら，友人も代金の支払いを拒めると考えるのが自然ですね。

ただし，この原則には例外があります。それは，債権者の責めに帰すべき事由によって履行不能が生じた場合です（536条2項前段）。

たとえば，私がパソコンを引き渡そうとしたけれども，友人が受け取りを拒んだとします（これを「受領遅滞」といいます)。その後，私がきちんと保管していたパソコンを何者かに盗まれ，私の引渡し債務の履行が不能になった場合です。

このとき，パソコンの引渡し債務の履行が不能になったのは，債権者である私の友人の責任だとみなされますから（413条の2第2項)，友人は代金の支払いを拒むことができません。

413条の2〔履行遅滞中又は受領遅滞中の履行不能と帰責事由〕債務者がその債務について遅滞の責任を負っている間に当事者双方の責めに帰することができない事由によってその債務の履行が不能となったときは，その履行の不能は，債務者の責めに帰すべき事由によるものとみなす。
②債権者が債務の履行を受けることを拒み，又は受けることができない場合において，履行の提供があった時以後に当事者双方の責めに帰することができない事由によってその債務の履行が不能となったときは，その履行の不能は，債権者の責めに帰すべき事由によるものとみなす。
536条〔債務者の危険負担等〕当事者双方の責めに帰することができない事由によって債務を履行することができなくなったときは，債権者は，反対給付の履行を拒むことができる。
②債権者の責めに帰すべき事由によって債務を履行することができなくなったときは，債権者は，反対給付の履行を拒むことができない。この場合において，債務者は，自己の債務を免れたことによって利益を得たときは，これを債権者に償還しなければならない。

●6●

第三者のためにする契約

契約当事者の一方が第三者に対して直接債務を負担することを相手に約束する契約を，第三者のためにする契約と言います(537 条 1 項)。

要するに，第三者に権利・利益を得させる契約です。

たとえば，私が友人に「ゴルフのセットを売りたいが，代金 3 万円は弟に払ってくれ」と約束するような場合です。

私を**要約者**，友人を**諾約者**，弟を**受益者**と呼びます。

この場合，私＝要約者は弟の代理人ではありません。

要約者は自己の名において契約します。要約者と諾約者の原因関係を**補償関係**と呼び，要約者と受益者の関係を対価関係と呼びます。上の例で，「友人はゴルフセットを買いたい・私は売りたい」というのが補償関係で，「お金に困っている弟に 3 万円プレゼントしたい」というのが対価関係です。

第三者のためにする契約においては，受益者の「受益の意思表示」によって諾約者に対する直接の請求権を取得します。

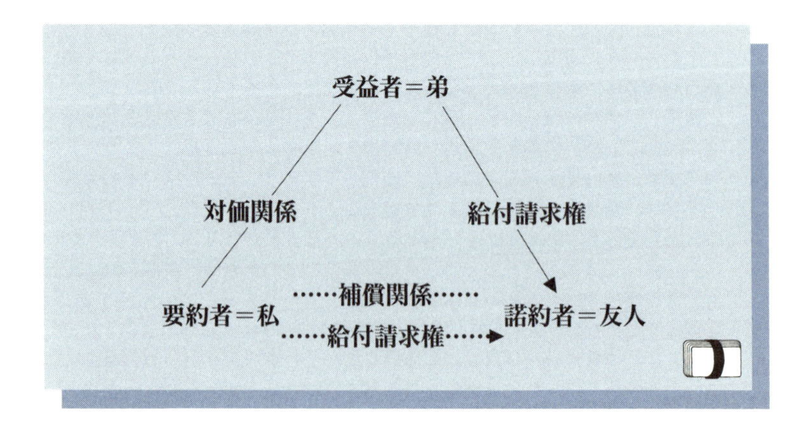

現実には，生命保険契約が典型例のひとつです。私が自分を被保険者として保険会社と保険契約をし，受取人を妻にする場合などです。

私が死ぬと，妻に保険金が入ります。受益者は妻ですね。

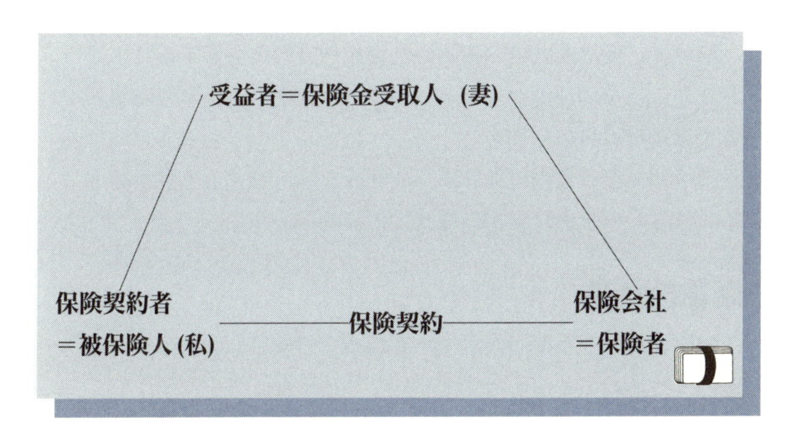

❖第三者の契約上の地位

①第三者が受益の意思表示をしても，契約の当事者にはなりません。それゆえ，⑴第三者は解除権を行使できません。また，要約者が詐欺されたとしても取消権を行使できません。⑵表見代理の成立などにつき，善意悪意などの判断は要約者について行われます。⑶錯誤に陥ったか否かの判断や詐欺・強迫の有無も，要約者と諾約者について行われます。

②契約当事者同様，第三者保護規定を対抗されたり，同時履行の抗弁を対抗されたりします。

537条〔第三者のためにする契約〕契約により当事者の一方が第三者に対してある給付をすることを約したときは，その第三者は，債務者に対して直接にその給付を請求する権利を有する。

④▶契約の解除

●1●
契約の解除とは

解除は，契約成立後に契約の効力を一方的に廃棄（はいき）する意思表示です。当事者の合意が存在する約定解除（やくじょうかいじょ）と，法律の規定による法定解除（ほうていかいじょ）があります。

この他，当事者の合意によって契約を消滅させる合意解除（ごういかいじょ）と呼ばれるものもあります。これは，契約の一つです。

●2●
解除の性質

解除の意思表示をした場合＝解除権を行使した場合は，これを取りやめにすることはできません（540条）。

契約当事者が複数の場合は，全員から解除の意思表示をしなければなりません。

解除された契約は遡（さかのぼ）って解消されます。

解除の遡及効（そきゅうこう）

540条〔解除権の行使〕契約又は法律の規定により当事者の一方が解除権を有するときは，その解除は，相手方に対する意思表示によってする。
②前項の意思表示は，撤回することができない。

その結果，当事者は相手に原状回復の義務を負い，損害があれば賠償しなければなりません（545条1・4項）。

相手が複数の場合も，全員の相手に対して行わなければなりません（544条1項）。

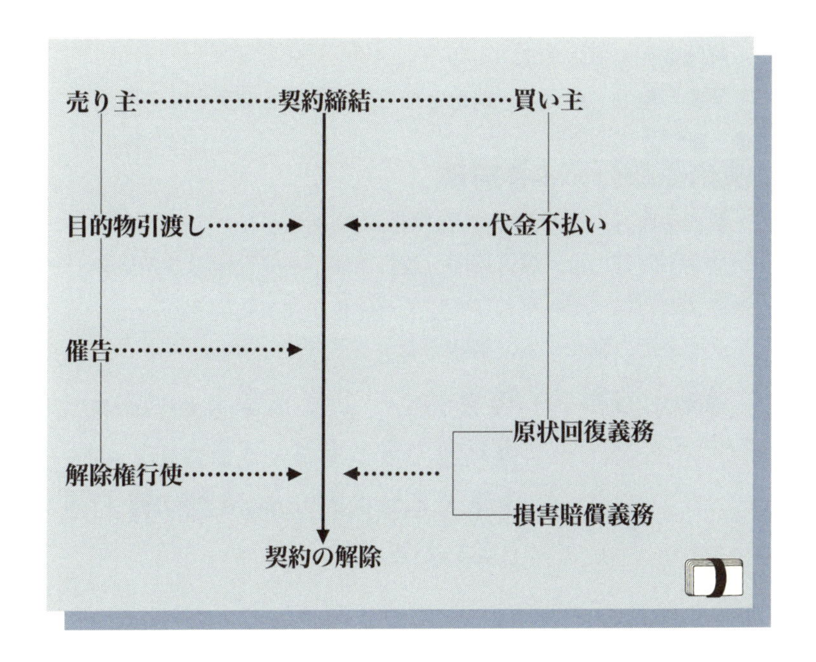

545条〔解除の効果〕当事者の一方がその解除権を行使したときは，各当事者は，その相手方を原状に復させる義務を負う。ただし，第三者の権利を害することはできない。

④解除権の行使は，損害賠償の請求を妨げない。

544条〔解除権の不可分性〕当事者の一方が数人ある場合には，契約の解除は，その全員から又はその全員に対してのみ，することができる。

●3●
解除に似ている概念

継続的契約関係における解除を告知と言います。

この場合，遡及効はありません。

将来，ある事実が発生した場合，契約の効力が消滅する約束を**解除条件**と言います。

契約の無効・取消は，解除と似た法律関係を発生させます。

●4●
債務不履行による解除

債務不履行の場合，債権者は解除権を持ちます。

債務不履行には，履行遅滞・履行不能・不完全履行の3つがありましたね。それぞれにおいて解除権が発生します。

受領遅滞の場合にも，解除を認めるべきでしょう。

債務不履行…債務者が、正当な事由がないのに債務者の責に帰すべき事由によって債務の本旨に従った債務の履行をしないこと

[用語チェック]

答え	問題
	1 (契約とは？)
①過失責任	□　私的自治の原則は所有権絶対・契約自由・〔①〕の3本柱である。
②普通取引約款	□　独占企業が画一的・網羅的契約内容をもりこんだ詳細な取引契約書を作り，結果的には消費者に一律に押し付ける形になっている契約を〔②〕という。
③典型契約	□　民法典にある13種類の契約を〔③〕という。
④有償契約 ⑤無償契約	□　契約の当事者双方が対価的債務を負担する契約を双務契約といい，当事者双方が経済的支出をする契約を〔④〕という。また一方が債務を負担する契約は片務契約で，当事者の双方が経済的支出をしない契約が〔⑤〕である。
	2 (契約の効力)
⑥同時履行の抗弁権	□　相手が債務を履行するまで自分が債務を履行することを拒否できるのは〔⑥〕においてである。
⑦拒める	□　民法は危険負担については，原則として債権者は反対債務の履行を〔⑦〕としている。
⑧補償 ⑨対価	□　第三者のためにする契約において，要約者と諾約者の関係は〔⑧〕関係であり，要約者と受益者の関係は〔⑨〕関係である。
⑩受益の意思表示	□　また第三者のためにする契約では受益者の〔⑩〕によって諾約者に対する直接の請

求権を取得する。

3 (典型契約のまとめ)

分類	契約	内容	解答
財産移転型契約	贈与	タダで財産を移転	
	〔⑪〕	お金で財産を移転	⑪売買
	交換	財産権と財産権を交換	
貸借契約	消費貸借	お金の貸し借りなど	
	〔⑫〕	タダで物を借りて返す	⑫使用貸借
	〔⑬〕	お金を払って物を借りて返す	⑬賃貸借
労務提供型契約	雇用	労務の提供に対して賃金を支払う	
	請負	仕事の完成に対して報酬を支払う	
	〔⑭〕	法律行為などを任せる契約	⑭委任
その他の契約	寄託	物を保管	
	〔⑮〕	共同で事業を営む契約	⑮組合
	終身定期金	死ぬまで一定の金額を払う	
	〔⑯〕	当事者が譲りあって紛争を解決する	⑯和解

2時間目
債権第2章第2節～14節
契約各論

▶ここで学ぶこと

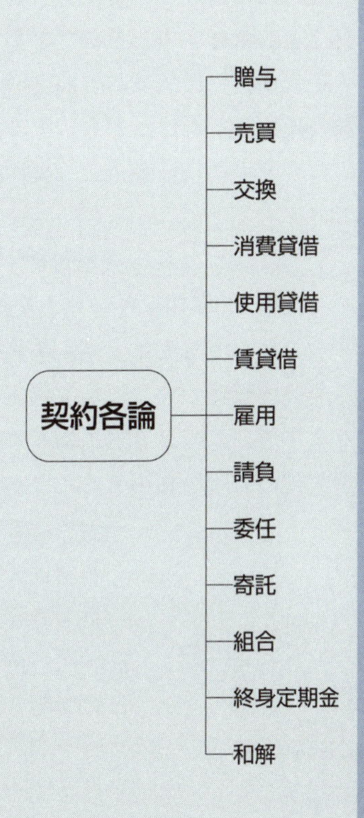

❶ ▸ 契約各論とは

契約自由の原則により，私たちは原則としてどんな契約でも自由に結ぶことができます。

したがって契約の種類は無数に存在するわけですが，前述した通り，民法はその中で典型的な 13 種類を選び出して，特に規定を設けました。

契約は自由とされる以上，典型契約においても民法の規定と異なる約束をすることができます。

それゆえ，典型契約の規定は，当事者が典型契約に属する種類の契約をしたけれども，その内容が不明瞭である場合や一部内容が欠けている場合に，契約内容を補充するために存在するのです。

契約各論は，この典型契約＝有名契約 13 種類を対象とします。この 13 種類以外の無名契約の場合でも，その規定を準用することができます。非典型契約ともいいます

非典型契約の場合にも契約内容が不明瞭である場合などがありますが，このときも当事者の意思を考えて，それに合った典型契約の規定を利用することができます。典型契約の基準は契約当事者の利益調整の基準であり，この基準は契約全般に適合すると考えられるからです。

次ページより，この 13 種類を具体的に説明していきます。

❷►贈与

たとえば，**私が学生に自分の書いた本をあげる契約を贈与**と言います。単位をあげても，贈与とは言いません（もちろん冗談です）。

学生には何の負担もないので，片務契約です。

「あげるよ」という口約束で成立するので，諾成契約です。

言葉で成立するので危なっかしいようですが，贈与は解除が可能なので，その分，調整はされています。

もらうほうは「口約束だから，解除されても仕方がないだろう」ということです。

ただし，**書面による贈与は解除できません。**

また，履行の終わった部分についても，解除することはできません。

たとえば動産の贈与の場合，財産を引き渡してしまうと，解除できません。

不動産の贈与の場合は，引渡し・登記のどちらかが終了してしまうと，解除できません。

●1●
贈与の効力

あげる人はもらう人に財産を移転する義務を負います。

動産の場合は引渡し義務です。

不動産の場合は引渡しと登記移転義務です。

他人の物を贈与する契約も有効ですが，他人から獲得できた分だけあげればいいのです。

あげる人は，あげる物にもともとキズ（不備）があっても，担保義務（たんぽぎむ）は負いません。何のとがめもないのです。

もっとも，キズのあることを知っていて言わなかった場合は，担保責任を負います。

●2●
特別な贈与

①定期贈与（ていきぞうよ）　毎月1万円を3年間贈る，というような贈与
②死因贈与（しいんぞうよ）　自分が死んだときにあげる，と生前約束する贈与。遺贈に関する規定が準用される
③寄付（きふ）　母校に10万円寄付する，というような場合

なお，**負担付贈与（ふたんつきぞうよ）**というのがあります。

「毛皮のコートをあげるからダイヤの指輪をくださいね」というような場合です。純粋な贈与とは言いにくいもので，有償・双務契約の規定が準用されます。

上の例の場合は、むしろ交換に近いですね

❸►売買

売買(ばいばい)ほど日常化したものはありません。パンを買うのも売買です。シャツを買うのも売買です。売買抜きには一日も過ごせない，といっても過言ではありません。

一方が財産権＝パンを移転し，相手がお金を払うのが売買です（555条）。

口約束で成立する諾成契約です。

民法は特定物売買を想定して規定しています。

現実社会ではメーカーと小売店の売買や，訪問販売など，さまざまな形態の売買が存在しています。商法や特別法で民法の規定を修正しているものもあります。

売買は，財産権と金銭のやりとりです。

金銭以外でやりとりすると交換です。

店頭でパンを買う場合，パンとお金を即時に交換しますね。

このような場合は，**現実売買**(げんじつばいばい)と呼ばれます。

555条〔売買〕売買は，当事者の一方がある財産権を相手方に移転することを約し，相手方がこれに対してその代金を支払うことを約することによって，その効力を生ずる。

●1●
売買の予約

売買の予約というのは，将来，本契約を結ばなければならない債務を発生させる契約です。

とにかくダイヤを100万円で売りたいが，引渡しの時期・場所などについては後でつめようというような場合が，売買の予約なのです。

●2●
手付

手付（てつけ）という言葉は日常生活の中でもよく聞く言葉です。

たとえば私が3000万円のマンションを買おうとするとき，500万円を手付金として払い，「1週間じっくり考えたいので，その間他の人にマンションを売らないで」と言ったりします。

手付とは，代金の一部支払いという意味だけでなく，別の意味も含めて買い主から売り主へ渡されるお金などのことを言うのです。

手付は売買で利用されることが多いので，民法典の中の売買のところに規定してありますが，他の有償契約に準用されます(559条)。

557条〔手付〕買主が売主に手付を交付したときは，買主はその手付を放棄し，売主はその倍額を現実に提供して，契約の解除をすることができる。ただし，その相手方が契約の履行に着手した後は，この限りでない。
559条〔有償契約への準用〕この節の規定は，売買以外の有償契約について準用する。ただし，その有償契約の性質がこれを許さないときは，この限りでない。

●3●
手付の種類

手付には次の4種類があります。

①成約手付　契約の成立要件
②証約手付　契約成立の証拠　単に契約を結んだ証拠
③解約手付　手付は原則として解約手付と推定される
買い主は手付金を放棄して契約を解除できる
売り主も，手付の2倍を渡して契約を解除できる
④違約手付　債務不履行のとき，没収される手付
この違約手付は，原則として損害賠償の予定の性質を持ちます

手付の交付にあたって当事者がその種類を明確にしなかった場合には，解約手付と推定されます（判例）。

解約手付による解除は，債務不履行による解除とは違うので，解除しても損害賠償の問題は生じません（557条2項）。

なお，解約手付による解除ができるのは，相手方が履行に着手するまでという制限があります（557条1項）。

●4●
売り主の義務

売り主は，売買の目的物である財産権を買い主に移転する義務を負います（555条）。

占有を移転し，対抗要件を備えさせる義務です。

引渡し前の売買の目的物の果実は売り主のものです（575条1項）。

買い主は引渡しの約束の日から代金の利息を払います（575条2項）。

●5●
売り主の担保責任

売り主は，種類，品質又は数量に関して契約の内容に適合した目的物を引き渡す義務がありますから，引き渡された目的物が契約の内容に適合しない場合，売り主は債務不履行責任を負うことになます。

つまり，買い主は，履行の追完請求権（562条），損害賠償請求権（415条），契約の解除権（541条，542条），また場合によっては代金減額請求権（563条）を持ちます。

575条〔果実の帰属及び代金の利息の支払〕まだ引き渡されていない売買の目的物が果実を生じたときは，その果実は，売主に帰属する。
②買主は，引渡しの日から，代金の利息を支払う義務を負う。ただし，代金の支払について期限があるときは，その期限が到来するまでは，利息を支払うことを要しない。

❖追完請求権

買い主による追完請求権は，平成 29 年の改正で明文化された規定です。売り主には，種類，品質又は数量に関して契約の内容に適合した目的物を引き渡す義務がありますので，その点で不完全な履行に対して，買い主には追完請求権が認められるのです。

追完の方法には，目的物の修補，代替物の引渡し，不足分の引渡しがあり（562 条 1 項本文），買い主が選択することができます。

ただし，売り主は，買い主に不相当な負担を課するものでないときは，買い主が指定した方法と異なる方法で追完をすることができます（562 条 1 項ただし書）。

なお追完請求権は，買い主に責めに帰すべき事由がある場合には行使できません（562 条 2 項）。

❖代金減額請求権

買い主が追完請求をしても，売り主がそれを無視した場合，買い主には代金減額請求権が認められます（563 条 1 項）。

また次の場合は，追完請求を経ることなく，直ちに減額請求できます（563 条 2 項）。

562 条〔買主の追完請求権〕引き渡された目的物が種類，品質又は数量に関して契約の内容に適合しないものであるときは，買主は，売主に対し，目的物の修補，代替物の引渡し又は不足分の引渡しによる履行の追完を請求することができる。ただし，売主は，買主に不相当な負担を課するものでないときは，買主が請求した方法と異なる方法による履行の追完をすることができる。
②前項の不適合が買主の責めに帰すべき事由によるものであるときは，買主は，同項の規定による履行の追完の請求をすることができない。

①履行の追完が不能であるとき

②売り主が追完を拒絶したとき

③特定の日時又は一定の期間内に履行されなければ契約の目的を達成できないにもかかわらず，その時期を経過してしまったとき

④その他，追完を受ける見込みがないことが明らかなとき

なお代金減額請求権は，買い主の責めに帰すべき事由がある場合には行使できません（563条3項）。

❖損害賠償請求権・解除権

売り主の引き渡した目的物が契約に適合しない場合，買い主は，債務不履行責任として損害賠償請求や契約の解除をすることができます（564条）。

563条〔買主の代金減額請求権〕前条第一項本文に規定する場合において，買主が相当の期間を定めて履行の追完の催告をし，その期間内に履行の追完がないときは，買主は，その不適合の程度に応じて代金の減額を請求することができる。
②前項の規定にかかわらず，次に掲げる場合には，買主は，同項の催告をすることなく，直ちに代金の減額を請求することができる。
一　履行の追完が不能であるとき。
二　売主が履行の追完を拒絶する意思を明確に表示したとき。
三　契約の性質又は当事者の意思表示により，特定の日時又は一定の期間内に履行をしなければ契約をした目的を達することができない場合において，売主が履行の追完をしないでその時期を経過したとき。
四　前三号に掲げる場合のほか，買主が前項の催告をしても履行の追完を受ける見込みがないことが明らかであるとき。
③第一項の不適合が買主の責めに帰すべき事由によるものであるときは，買主は，前二項の規定による代金の減額の請求をすることができない。

❖他人の権利の売買

他人の権利を売買した場合，売り主はその権利を取得して買い主に移転する義務を負います（561条）。

他人の権利の売買とは，たとえば，私が友人の時計を1万円で売る契約をした場合などです。このとき私は，友人から時計を譲り受けたうえ，契約の相手方に所有権を移転する義務があるのです。

私がこの義務を履行できなかった場合，相手方は債務不履行に基づく損害賠償請求や契約の解除ができます。

❖移転した権利が契約の内容に適合しない場合

売買の目的物が債権の場合にも，それが契約の内容に適合していない場合，買い主は担保責任を追及できます（565条）。担保責任の内容は，追完請求権，代金減額請求権，損害賠償請求権，契約解除権です。

●6●

買い主の義務

買い主の基本的義務は，代金支払い義務です（555条）。

代金支払いの時期・場所は契約か慣習で決まります。

引渡しと代金支払いが同時の場合，引渡し場所が支払い場所です（574条）。

●7●
特殊な売買

民法の定める売買と異なるパターンの売買を特殊な売買と言います。

❖割賦販売

割賦販売というのは，割賦販売法の対象になる特殊な売買です。2ケ月以上の期間で，3回以上分割して買い主が代金を支払う売買の中で，政令で指定された商品を販売する場合は，割賦販売法の対象になるのです。

❖訪問販売

セールスマンが消費者を訪問して，商品を販売する特殊な売買です。

訪問販売法の対象になります。

❖通信販売

消費者に対して商品カタログから商品を選ばせる特殊な売買です。通信販売法の対象になります。

❖クーリングオフ制度

業者の営業所以外の場所で，割賦販売契約・不動産購入契約・訪問販売で契約の申し込みを締結した人は，契約事項を示した書面をもらったときから，8日以内に書面で申し込みを撤回したり・契約を解除したりできる，という制度です。

574条〔代金の支払場所〕売買の目的物の引渡しと同時に代金を支払うべきときは，その引渡しの場所において支払わなければならない。

❖買戻

売買契約時に，将来契約を解除して売り主が売った不動産を買い戻す特約をすることを買戻と言います。

お金を貸すときに，債務者から不動産を買い取り，貸したお金を返せば不動産を債務者に戻すことを契約する場合です。

結局，不動産を目的物とする**債権担保の機能**を果たします。

買戻の目的物は不動産に限られます。

買戻特約とその登記は，不動産売買契約と同時に行います(579条・581条1項)。

買戻期間は10年以下で，この期間を延長することはできません。期間の定めがなければ，5年以内に買い戻さなければなりません（580条1・2・3項)。

買戻がないと，目的不動産は確定的に買い主＝債権者のものになります。

いったん定めた買戻の期間はあとで延長できません

579条〔買戻しの特約〕不動産の売主は，売買契約と同時にした買戻しの特約により，買主が支払った代金（別段の合意をした場合にあっては，その合意により定めた金額。第五百八十三条第一項において同じ。）及び契約の費用を返還して，売買の解除をすることができる。この場合において，当事者が別段の意思を表示しなかったときは，不動産の果実と代金の利息とは相殺したものとみなす。
581条〔買戻しの特約の対抗力〕売買契約と同時に買戻しの特約を登記したときは，買戻しは，第三者に対抗することができる。
580条〔買戻しの期間〕買戻しの期間は，十年を超えることができない。特約でこれより長い期間を定めたときは，その期間は，十年とする。
②買戻しについて期間を定めたときは，その後にこれを伸長することができない。
③買戻しについて期間を定めなかったときは，五年以内に買戻しをしなければならない。

❹ ▸ 交換

ある人とある人が互いに，お金以外の財産権を移転する契約を交換と呼びます（586条）。

たとえば，タモリが明石家さんまに土地の所有権を，明石家さんまがタモリに宝石の所有権を，それぞれお互いに移転するというような契約のことです。

有償・諾成・双務契約です。

両替は交換に似ていますが、交換ではなく一種特別の有償契約であるとされています

交換については，それが双務契約であることから，533条以下の規定が適用されます。

また，有償契約でもあることから，売買の規定が準用されます（559条）。

586条〔交換〕交換は，当事者が互いに金銭の所有権以外の財産権を移転することを約することによって，その効力を生ずる。
②当事者の一方が他の権利とともに金銭の所有権を移転することを約した場合におけるその金銭については，売買の代金に関する規定を準用する。

⑤ ▶ 消費貸借

借金のように，金銭などの代替物を取得し，消費した後で同じものを返す契約を消費貸借と呼びます。

同じ物というのは，同種・同等・同量のことです。

以前からあった要物契約に加え，平成 29 年改正で諾成的消費貸借に関する規定が新設されました（587 条の 2）。

原則として無償契約ですが，利息を払う有償消費貸借が一般化しました。住宅ローン

●1●
消費貸借の効力

貸した人が，隠れたキズのあるものを提供した場合にはどうなるでしょうか？

無利息の消費貸借では，贈与の引渡し義務に関する 551 条を準用しています（590 条 1 項）。つまり，貸した人は原則としてキズがある状態の物を提供して構わないとされます。

利息付きの消費貸借では売買の規定が準用されます（559 条）。つまり，引き渡された目的物が契約の内容に適合しない場合，借りた人は追完請求権や損害賠償請求権を行使できます。

●2●

目的物の返還

借りた人は次の場合，目的物を返還します。

①返還義務が確定していれば，その時。

②返還義務を定めなかったときは，貸した人が相当の期間を決めて借りた人に返還を催促する（591条1項）。

請求

③借りた人は，返還の時期の定めの有無にかかわらず，いつでも返還できる（591条2項）。

●3●

準消費貸借

私が妹から5万円でコンピューターを買い，すぐ払えないので，5万円を借りるような場合を準消費貸借と言います。

実質的には売買代金支払いを延期してもらっていますね

591条〔返還の時期〕①当事者が返還の時期を定めなかったときは，貸主は，相当の期間を定めて返還の催告をすることができる。
②借主は，返還の時期の定めの有無にかかわらず，いつでも返還をすることができる。
③当事者が返還の時期を定めた場合において，貸主は，借主がその時期の前に返還をしたことによって損害を受けたときは，借主に対し，その賠償を請求することができる。

❻►使用貸借

借りる人が貸す人に借りた物を使用後に返す約束を**使用貸借**（しようたいしゃく）と言います（593条）。

消費貸借や賃貸借との違いを黒板で説明しましょう。

①消費貸借の場合は，たとえばお札で1万円借りたらその1万円札は借りた人のものになる。借りた人が所有権を取得する。使用貸借では，所有権は移転しない。

その1万円札を返さなくてはなりません

②使用貸借は無料。賃貸借は有料。

太郎が次郎に無料で1週間キャンピングカーを貸し，次郎はそのキャンピングカーを乗り回したのちに太郎に返したりする場合は使用貸借です

使用貸借は無償・諾成・片務契約です。

従来の使用貸借は要物契約でしたが，平成29年の改正で諾成契約となったので注意しましょう。

目的物にキズがある場合は，贈与の規定を適用します。

593条〔使用貸借〕使用貸借は，当事者の一方がある物を引き渡すことを約し，相手方がその受け取った物について無償で使用及び収益をして契約が終了したときに返還をすることを約することによって，その効力を生ずる。

●1●
使用貸借の効力

借りた人は，契約通りに使用収益しなければなりません(594条1項)。

約束通りの使い方をしない場合は，貸した人は契約違反として契約を解除できます（594条3項)。

用法順守義務違反

借りた人は，借りた物を人に貸したり・譲り渡してはいけません。

借りた人は，善管注意義務をもって目的物を保管しなければなりません。

通常，必要な保管費用は借りた人が負担します（595条1項)。

期間満了や目的達成で使用貸借は終了します（597条)。

594条〔借主による使用及び収益〕①借主は，契約又はその目的物の性質によって定まった用法に従い，その物の使用及び収益をしなければならない。

③借主が前二項の規定に違反して使用又は収益をしたときは，貸主は，契約の解除をすることができる。

595条〔借用物の費用の負担〕借主は，借用物の通常の必要費を負担する。

597条〔期間満了等による使用貸借の終了〕当事者が使用貸借の期間を定めたときは，使用貸借は，その期間が満了することによって終了する。

②当事者が使用貸借の期間を定めなかった場合において，使用及び収益の目的を定めたときは，使用貸借は，借主がその目的に従い使用及び収益を終えることによって終了する。

③使用貸借は，借主の死亡によって終了する。

❼ ▶ 賃貸借

賃貸借（ちんたいしゃく）は，賃料を対価として物を貸し借りすることです。

賃貸人が賃借人に物を使用収益させ，賃借人が対価＝賃料（ちんりょう）を支払い，契約終了時に物を返還するという契約です（601条）。

有償・双務・諾成契約です。

レンタカーやアパートの賃貸など，現代社会では，いろいろな場面で賃貸借が登場します。

レンタルビデオ屋・レンタカー屋は，賃貸借を業（ぎょう）としています。

●1● 賃貸借の物権化

地主（じぬし）は物権である地上権を嫌います。物権は強い権利だからです。

地主は賃貸借で土地を貸そうとします。契約自由の原則に任せておくと，賃借人（ちんしゃくにん）はどんどん不利になっていきます。

そこで，借地借家法（しゃくちしゃくやほう）で不動産の賃貸借を保護しています。

このシリーズの「はじめての物権法」、「はじめての債権総論」を参照してください

601条〔賃貸借〕賃貸借は，当事者の一方がある物の使用及び収益を相手方にさせることを約し，相手方がこれに対してその賃料を支払うこと及び引渡しを受けた物を契約が終了したときに返還することを約することによって，その効力を生ずる。

●2●
賃貸借の成立

賃貸借の対象は物であって，権利などは原則として賃貸借の対象外です。

●3●
賃貸借の効力

賃貸人は，賃借人に目的物を使用収益させる義務を負います(601条)。

賃貸人は，目的物の使用収益に必要な修繕(しゅうぜん)義務(ぎむ)を負います。

賃借人は修繕が必要な場合，すぐに賃貸人に通知しなければなりません。

修繕義務を果たさない場合は，債務不履行になるので，賃借人は使用収益できなかった部分について，賃料の支払いを拒否できます。

学生アパートなどで大家さんが修繕義務をはたさないことがあり、よく問題になります。

●4●
費用償還義務

賃貸人は，以下の黒板の費用償還義務を負います。

①目的物の保存に必要な費用を賃借人が支出した場合（608条1項）。
②賃借人が目的物の改良のために費用を支出した場合，賃貸借終了時に目的物価格が増価しているケースに限り，支出費用・増価額のいずれかを償還する義務（608条2項）。

前の黒板の2つの義務は，賃貸借の目的物の返還から1年以内です（600条・622条）。

改良のための費用を有益費といいます

●5●
賃貸人の目的物の担保責任

賃貸借は有償契約なので，賃貸人は売り主と同じ担保責任を負います。

●6●
賃借人の義務

賃借人は使用収益の対価として，賃料を支払います（601条）。

賃借人の過失なく賃借物の一部が滅失したとき，その分だけ賃料が減額されます。

残った部分だけでは賃貸借の目的が達成できない場合には，契約を解除することができます（611条）。

賃借人は契約内容と，その目的物の性質に応じて使用収益します。賃借人は目的物について善管注意義務を負います。

608条〔賃借人による費用の償還請求〕賃借人は，賃借物について賃貸人の負担に属する必要費を支出したときは，賃貸人に対し，直ちにその償還を請求することができる。
②賃借人が賃借物について有益費を支出したときは，賃貸人は，賃貸借の終了の時に，第百九十六条第二項の規定に従い，その償還をしなければならない。
600条〔損害賠償及び費用の償還の請求権についての期間の制限〕契約の本旨に反する使用又は収益によって生じた損害の賠償及び借主が支出した費用の償還は，貸主が返還を受けた時から一年以内に請求しなければならない。
622条〔使用貸借の規定の準用〕第五百九十七条第一項，第五百九十九条第一項及び第二項並びに第六百条の規定は，賃貸借について準用する。

7

敷金

民法は敷金（しききん）については次のように定めています。

いかなる名目によるかを問わず，賃料債務その他の賃貸借に基づいて生ずる賃借人の賃貸人に対する金銭の給付を目的とする債務を担保する目的で，賃借人が賃貸人に交付する金銭をいう。(622 条の 2 第 1 項柱書き)

敷金は，アパートなどの不動産の賃貸借契約を結ぶときに支払うものです。借りた人が家賃などを滞納するおそれがあるので，それを担保するのが目的です。

敷金は，賃貸借が終わったときに返してもらうことができます。敷金返還の時期について民法は，①賃貸借が終了し，かつ，賃貸物の返還を受けたとき，②賃借人が適法に賃借権を譲り渡したとき，と定めています (622 条の 2 第 1 項各号)。

支払った敷金が全額返ってくるとは限りません。借りた人が家賃を支払っていなかった場合や，借りた物を過って壊してしまった場合などは，その額が差し引かれます (622 条の 2 第 2 項)。

●8●
賃借権の譲渡・賃借物の転貸

賃借人は賃貸人の承諾なしに，第三者に賃借権を譲渡したり・賃借物を転貸したりすることはできません（612条1項）。

無断譲渡・転貸がされた場合，賃貸人は原則として賃貸借契約を解除することができます。

ただし，賃貸人と賃借人の信頼関係が壊れていないという例外的な事情がある場合には，契約は解除できません。

●9●
賃貸人が目的物を第三者に譲った場合

賃借権は債権です。

賃貸人が目的物を譲渡してしまうと，賃借人は譲受人に対しては収益を要求できません。だから，目的物が売買されると，賃借人は賃貸人に，債務不履行責任を要求できるだけです。

売買は賃貸借を破る

これでは，賃借人の地位は極めて不安定です。

不動産の賃貸借が登記されると，この登記された賃借権は不動産の譲受人に対して対抗することができます（605条）。

しかし，賃借人には登記請求権がないので，賃貸人の協力がなければ賃借権の登記ができないという事情があります。そのため605条では賃借人を守るには不十分です。

そこで借地借家法が，賃借人の保護規定を置いています。すなわち，土地を借りている人に対しては，その土地の上に登記

612条〔賃借権の譲渡及び転貸の制限〕賃借人は，賃貸人の承諾を得なければ，その賃借権を譲り渡し，又は賃借物を転貸することができない。
605条〔不動産賃貸借の対抗力〕不動産の賃貸借は，これを登記したときは，その不動産について物権を取得した者その他の第三者に対抗することができる。

されている建物を所有していれば，借地権についても対抗力を認めています（借地借家法10条1項）。建物を借りている人に対しては，その建物の引渡しを受けていれば，対抗力を認めています（同法31条）

●10●
賃貸人たる地位の移転

賃借人が対抗力を有する場合，賃貸人が目的物を第三者に譲ったとしても，賃借人は使用収益を継続できます。このとき，賃貸人は誰になるのでしょうか？

民法は，不動産が譲渡された場合は，譲受人に賃貸人たる地位が移転すると定めています（605条の2第1項）。

賃借人が対抗力を有しない場合でも，賃貸人と譲受人との合意によって，賃貸人たる地位を譲受人に移すことができます（605条の3）。

不動産の譲受人が賃貸人たる地位を賃借人に対抗するには，所有権移転登記が必要とされます（605条の2第3項）。

●11●
賃借物の使用収益を妨害する者に対して

対抗力を有する不動産賃借権であれば，賃借人が自ら，妨害を停止することの請求や，不動産を返還することの請求ができます（605条の4）。

●12●
賃貸借の終了

賃貸借の期間は 50 年以内で，更新後も 50 年以内です（604 条）。

賃貸借期間満了後，賃借人が使用収益を継続しているのに，賃貸人が異議を申し立てない場合は，同一契約内容で賃貸借が更新されたとみなされます。黙示の更新

期間の定めがなければ，当事者はいつでも解約を申し入れることができます。解約申し込みから一定期間が経つと，賃貸借が終了します。土地は1年・建物は3ヶ月・動産は1日

賃貸借の解約解除の効果は遡及せず，将来に向かって契約を解消させる告知の性質を持っています。

604 条〔賃貸借の存続期間〕賃貸借の存続期間は，五十年を超えることができない。契約でこれより長い期間を定めたときであっても，その期間は，五十年とする。
②賃貸借の存続期間は，更新することができる。ただし，その期間は，更新の時から五十年を超えることができない。
617 条〔期間の定めのない賃貸借の解約の申入れ〕当事者が賃貸借の期間を定めなかったときは，各当事者は，いつでも解約の申入れをすることができる。この場合においては，次の各号に掲げる賃貸借は，解約の申入れの日からそれぞれ当該各号に定める期間を経過することによって終了する。
1，土地の賃貸借　一年
2，建物の賃貸借　三箇月　　3，動産及び貸席の賃貸借　一日

●13●
借地借家法

民法制定後，都市に人口が集中し，深刻な借家問題が発生しました。

明治 42 年建物保護法・大正 10 年借地借家法・昭和 27 年農地法が制定されました。そして，平成 3 年に新しい借地借家法ができました。

❖借地関係

旧借地法で認められていた更新可能の普通借地権のほかに，更新がない定期借地権を制定しました。

❖普通借地権

原則として，借地権はこの普通借地権とみなされます。存続期間は 30 年です。それ以上更新することも可能です。

正当事由がない限り，借地人からの請求で更新されます。

借地人の使用継続によっても更新されます。

存続期間満了時に，借地人は建物買取請求権を持ちます。

❖定期借地権

定期借地権は次の 3 種類に分かれます。

（1）定期借地権

存続期間 50 年以上として設定された場合は，借地権を更新しない特約や，建物買取請求権を行使しない特約も OK です。公正証書（こうせいしょうしょ）が必要です。

（2）建物譲渡特約付借地権

普通借地権や定期借地権契約と同時に，借地権を消滅させるために契約されます。

契約設定後 30 年経過後，借地上の建物を地主に相当の対価で譲渡することができるのです。

（3）事業用借地権

事業用建物の所有を目的とし，10 年以上 50 年未満の存続期間です。公正証書が必要です。更新はなく，建物買い取り請求権もありません。

明治 42 年の建物保護法で，借地上の建物を登記すれば，第三者に借地権を対抗できるようになっていましたが，建物滅失後も対抗力を暫定的に確保する方法が新設されました。

❖借家関係

今度は借家の方です。

旧借家法で更新が保障された普通借家権のほかに，取壊し予定の建物の場合の期限付借家権と，さらに平成 11 年の改正によって，更新のない定期借家権が設定できるようになりました。

❖普通借家権

借家権で１年以上の期間を定めるものは有効ですが，１年未満の存続期間の借家権は，存続期間の定めのないものとみなします。

存続期間の定めのある契約なら，両者の合意で契約を更新することができます。

合意がなければ期間満了の６ケ月から１年前に相手方に対し拒否の通知をしないかぎり，自動的に更新されます。

家主の方から更新を拒否する場合は，正当事由が必要です。

期間満了後，借家人が借家を使用継続していたとき，すぐに家主が異議を言わないと更新されたとみなされます。

期間の定めのない借家権は，いつでも両方から解約を申し出ることができます。

解約申し入れのときから家主の場合は６ケ月，借家人の場合は３ケ月で契約が終了します。家主が解約を申し出るには，やはり，正当事由が必要です。

❖期限付借家権（取壊し予定の建物の場合）

法令や契約によって，一定の期間が経った後に建物を取り壊すことが決まっている場合は，書面で，建物を取り壊すときに契約が終了すると定めることができます。

❖定期借家制度

平成 11 年に成立した「良質な賃貸住宅等の供給の促進に関する特別措置法」で借地借家法が改正され，定期建物賃貸借制度（定期借家制度）が導入されました。

普通借家権と異なる点は，次の通りです。

①更新がなく，契約期間の終了で当然に契約は終了する
②1 年未満の存続期間の借家権も有効
③200 平方メートル未満の居住用の建物の借家人は，転勤などのやむを得ない事情があるときを除いて，契約期間中の解約申入れができない

定期借家制度は更新がないので，契約終了後に借家人が同じ建物に住みつづけるときは，契約をしなおすことになります。

定期借家契約は，公正証書などの書面が必要です。また家主は契約の時に，更新がない契約だということを書面で説明しなくてはなりません。

借家権に共通の効力として，次のようなものがあります。

①建物の引渡しが対抗要件
②家賃増減請求権（やちんぞうげんせいきゅうけん）がある（定期借家契約では排除可能）
③造作買取請求権（ぞうさくかいとりせいきゅうけん）がある

⑧ ▶ 雇用

●1●
雇用とは

雇用は労務供給契約の一つです。

労働者が労務に服することを約束し，使用者が報酬の支払いを約束します（623条）。

有償・双務・諾成契約です。

たとえば，1時間1000円で喫茶店のウェイターをするような場合です。

雇用と類似概念を比較しましょう。

①請負　仕事の完成に対する報酬。
②委任　自由な判断で法律行為の事務処理を行わせる。
③準委任　法律行為以外の事務処理を委託する場合。会計帳簿の検査など。
④寄託　物の保管を仕事とする。

623条〔雇用〕雇用は，当事者の一方が相手方に対して労働に従事することを約し，相手方がこれに対してその報酬を与えることを約することによって，その効力を生ずる。

●2●
民法と労働法

資本主義の発達と共に，使用者・労働者の対立が激しくなりました。

労働者の権利を守るために，いわゆる労働三法が制定されました。

労働基準法・労働組合法・労働関係調整法の3つです。

民法の雇用に関する規定は一般法として適用されるだけで，労働法が現実には適用されます。

●3●
雇用契約

民法上では，親権者が未成年者に代わって雇用契約を締結することが規定されています。しかし，労働基準法では他人のために労働契約をすることはできないことになっています。

一般法である民法より，特別法である労働法が優先するので，親権者が未成年者に代わって雇用契約を締結することはできません。

労働基準法は，15歳未満の子供の雇用を禁止しています。

戦前，児童が酷使されていたことに対する反省です。

●4●
雇用の効力

❖労働者の義務

労働者は使用者の指揮命令の下で，労務を提供する義務があります（623条）。

自分の身代わりに別の人に労務を提供してもらうことは，原則としてできません（625条2項）。使用者は労働者の承諾なくして，労務の提供を受ける権利を第三者に提供できません（625条1項）。

労働者の付随的義務として，労務の提供過程において知った使用者の秘密を漏らさない義務があります。

労働者が自分の義務に著しく違反するときは，使用者は債務不履行で雇用契約の解除をすることができます。

解雇＝クビ

❖使用者の義務

使用者は，報酬を支払う義務を負います。

労働基準法では，毎月1回以上一定期日に通貨で直接労働者に全額支払う義務があります。労働基準法では，使用者に責任があって労働者が休業した場合は，平均賃金の60％以上を支払わなければなりません。

使用者は付随的義務として，安全配慮義務を負っています。

安全配慮義務は、アンパイ義務などと言われ、近年大きな論点となっています。

安全配慮義務は，雇用関係において信義則上認められるものです。

労働基準法で，使用者は労働者の業務上の負傷・病気に対して無過失責任を負います。

また，労災保険への強制加入を義務づけられています。

●5●
雇用の終了

民法上は，働く期間を定めなかったときは，使用者も労働者もいつでも解約を申し入れることができます。解約申し入れ後2週間で雇用契約は終了します（627条1項）。

労働基準法上は，使用者側は30日前に解雇を予告するか30日分以上の平均賃金を支払わなければなりません。

ただし，やむを得ない事情があれば予告なしに解除することができます。この場合，そのやむを得ない事情が当事者の過失による場合は，その当事者は損害賠償をしなければなりません（628条）。

もっとも，期間の定めのない雇用契約において使用者側からの一方的な解約の申し入れは，判例によって厳格に制限されています。雇用契約が継続性の要請が高いことによります。

625条〔使用者の権利の譲渡の制限等〕使用者は，労働者の承諾を得なければ，その権利を第三者に譲り渡すことができない。
②労働者は，使用者の承諾を得なければ，自己に代わって第三者を労働に従事させることができない。
627条〔期間の定めのない雇用の解約の申入れ〕当事者が雇用の期間を定めなかったときは，各当事者は，いつでも解約の申入れをすることができる。この場合において，雇用は，解約の申入れの日から二週間を経過することによって終了する。

使用者が破産した場合には，労働者・破産管財人は雇用契約を終了させることができます。労働者が死亡すると雇用契約は終了します。

628条〔やむを得ない事由による雇用の解除〕当事者が雇用の期間を定めた場合であっても，やむを得ない事由があるときは，各当事者は，直ちに契約の解除をすることができる。この場合において，その事由が当事者の一方の過失によって生じたものであるときは，相手方に対して損害賠償の責任を負う。

⑨►請負

●1●
請負とは

請負(うけおい)は，請負人が仕事の完成を約束し，注文者が仕事の結果に報酬を与える契約です (632 条)。

双務・有償・諾成契約です。

●2●
請負契約と製作物供給契約

私がテーラーに背広をオーダーメイドした場合の法律関係は，どのようなものでしょうか。テーラーが自分の仕事場で自分の材料・労力を提供して作った背広を私に引き渡し，私が報酬を与える，という意味では請負契約ですね。

しかし，10 万円で背広を買う，という側面を考えると，売買契約とも言えますね。

このような場合は製作物供給契約(せいさくぶつきょうきゅうけいやく)と呼ばれ，請負契約と売買契約の混合型だと考えられています。

●3●
請負人の義務

請負人は，仕事を完成する義務を持ちます。

また，約束の時期に仕事を完成させるために適切な時期に仕事を開始する義務があります。

注文者には請負人に報酬を支払う義務があります

632 条〔請負〕請負は，当事者の一方がある仕事を完成することを約し，相手方がその仕事の結果に対してその報酬を支払うことを約することによって，その効力を生ずる。

●4●
完成目的物と所有権の帰属

完成目的物（特に建物の場合）と所有権の帰属については，次の黒板のように整理することができます。

①注文者が材料の主な部分を提供した場合は，建物所有権は注文者のものになる
②請負人が材料の主な部分を提供した場合は，建物所有権は請負人のものであるが，建物の引渡しで建物所有権は注文者のものになる
③特約があれば，建物完成と同時に建物所有権は注文者のものになる

建物がまだ独立した不動産とはいえない段階である建物の場合も，上の黒板に準じて考えます

●5●
下請負

請負人が仕事の一部・全部を下請負人にさせることを**下請負**（したうけおい）といいます。

元の請負人を，**元請負人**（もとうけおいにん）といいます。

下請負人は履行補助者なので，下請負人の債務不履行については請負人は原則として責任を負います。

●6●

仕事を完成することができなくなった場合

仕事完成前に請負契約が解除されるなど，請負人が仕事を完成できなかった場合に，請負人は報酬を請求できるのでしょうか？

請負人は仕事を完成させる義務がありますが，途中までであっても，それで注文者が利益を得ている場合には，その割合に応じた報酬請求を認めた方が公平だと考えられます。

平成 29 年改正では，この点について明文規定が置かれました（634 条）。下の黒板で整理しておきましょう。

①両者に責任がない場合…割合に応じた報酬請求が可能
②請負人に責任がある場合…割合に応じた報酬請求が可能
③注文者に責任がある場合…報酬全額の請求が可能

634 条〔注文者が受ける利益の割合に応じた報酬〕次に掲げる場合において，請負人が既にした仕事の結果のうち可分な部分の給付によって注文者が利益を受けるときは，その部分を仕事の完成とみなす。この場合において，請負人は，注文者が受ける利益の割合に応じて報酬を請求することができる。
一　注文者の責めに帰することができない事由によって仕事を完成することができなくなったとき。
二　請負が仕事の完成前に解除されたとき。

●7●
瑕疵担保責任

請負人の仕事が契約の内容に適合しないものであった場合，請負人は担保責任を負います。請負は有償契約ですので，559条によって売買契約の担保責任の規定が準用されます。

❖追完請求権

注文者は請負人に対し，修補や追加工事を請求することができます（559条，562条）。ただし，注文者の責めに帰すべき事由がある場合，追完請求はできません（562条2項）。

平成29年改正以前は請負契約独自の瑕疵修補請求の規定が設けられていましたが，改正後は追完請求に一本化されます。

❖報酬減額請求権

売買契約の代金減額請求に関する規定も準用されます（559条，563条）。売買契約のときと同様，注文者が追完請求をしたにもかかわらず請負人が応じなかった場合に，報酬減額請求をすることができます。

636条〔請負人の担保責任の制限〕請負人が種類又は品質に関して契約の内容に適合しない仕事の目的物を注文者に引き渡したとき（その引渡しを要しない場合にあっては，仕事が終了した時に仕事の目的物が種類又は品質に関して契約の内容に適合しないとき）は，注文者は，注文者の供した材料の性質又は注文者の与えた指図によって生じた不適合を理由として，履行の追完の請求，報酬の減額の請求，損害賠償の請求及び契約の解除をすることができない。ただし，請負人がその材料又は指図が不適当であることを知りながら告げなかったときは，この限りでない。

❖損害賠償請求権・解除権

請負人の仕事が契約の内容に適合しない場合，請負人の債務不履行といえますので，注文者は損害賠償請求権を有します(559条，564条，415条)。

❖請負人の担保責任が制限される場合

注文者の供した材料に問題があった場合や，注文者の指示に問題があった場合には，注文者は請負人の担保責任を追及できません（636条)。ただし，請負人が材料ないし指示が不適当であると知っていたときは，担保責任を追及できます。

また，注文者は，請負人の仕事が契約の内容に適合しないと知ったときから1年以内に請負人に対して通知しなければなりません（637条)。

637条〔目的物の種類又は品質に関する担保責任の期間の制限〕前条本文に規定する場合において，注文者がその不適合を知った時から一年以内にその旨を請負人に通知しないときは，注文者は，その不適合を理由として，履行の追完の請求，報酬の減額の請求，損害賠償の請求及び契約の解除をすることができない。
②前項の規定は，仕事の目的物を注文者に引き渡した時（その引渡しを要しない場合にあっては，仕事が終了した時）において，請負人が同項の不適合を知り，又は重大な過失によって知らなかったときは，適用しない。

⑩ ▶ 委任

●1●

委任とは

だれかに頼んで，自分のかわりにしてもらうことです

委任者が法律行為を受任者に委託し，受任者が承諾します。

片務・無償・諾成契約です。

報酬を支払うことを約束した場合には，双務・有償契約になります。

留守番などの事実行為を委託する準委任の場合にも，委任の規定が準用されます（656条）。

委任者が委任状（いにんじょう）を交付するのが普通ですが，これは第三者に対する受任者の権限証明であって，委任契約の成立要因ではありません。

●2●

委任と請負・雇用との差

委任の場合は，受任者が委任者の具体的な指示を受けない，という点で請負と異なります。委任の場合は，受任者が独立して事務処理をします。この点で雇用と異なります。

雇用の場合は，雇用者・労務提供者間に指示の上下関係があります。

656条〔準委任〕この節の規定は，法律行為でない事務の委託について準用する。

●3●
委任の効力

委任者は委任の本旨に従い，善良なる管理者の注意義務によって事務処理を執り行う義務を持ちます。

委任の本旨というのは，委任契約内容と信義則に適合した内容です。

受任者は，委任者の許諾か，やむを得ない事由があれば，復受任者を選任できます（644条の2）。

受任者は委任者の要求があれば，現状を報告する義務があります。委任終了のときにも報告する義務があります（645条）。

●4●
委任者の義務

特約がない限り，委任者に報酬を支払う義務はありませんが(648条1項)，多くの場合特約があります。

報酬を支払う場合は，委任終了後に払います。

受任者の請求があれば事務処理費用を前払いしなければなりません（649条）。

受任者が事務処理費用を立て替えてくれたときは，利息をつけて支払わなければなりません。

645条〔受任者による報告〕受任者は，委任者の請求があるときは，いつでも委任事務の処理の状況を報告し，委任が終了した後は，遅滞なくその経過及び結果を報告しなければならない。
648条〔受任者の報酬〕受任者は，特約がなければ，委任者に対して報酬を請求することができない。
649条〔受任者による費用の前払請求〕委任事務を処理するについて費用を要するときは，委任者は，受任者の請求により，その前払をしなければならない。

●5●
委任の終了

委任者・受任者はいつでも委任契約を解除することができます。この規定は，委任が当事者の信頼関係に基づいてなされることを考えて，相手を信頼できなくなったときに解除することを認めたものです。

この場合の解除権は告知の性格を持ちます。

委任者・受任者の死亡や破産は解除原因になります。

受任者が後見開始の審判を受けた場合も，解除原因になります（653条）。

委任終了の解除原因が発生しても，相手方に通知するか，相手方が知らなければ，相手方に対抗できません。

委任の終了の際には，相手方に予期しない損害をもたらさないように特別規定があります。

①受任者は委任終了時に差し迫った事情があるときには，委任者側が自ら事務処理できるようになるまで応急措置をとらなければなりません（654条）。

②当事者の一方に委任終了事由が生じたときは，相手方に通知しなければなりません。通知しないときには相手方がその事由を知るまで委任の義務を負いつづけます（655条）。

653条〔委任の終了事由〕委任は，次に掲げる事由によって終了する。
一　委任者又は受任者の死亡
二　委任者又は受任者が破産手続開始の決定を受けたこと。
三　受任者が後見開始の審判を受けたこと。

⓫ ► 寄託

●1●

寄託とは

受寄者が寄託者のために物を保管する契約を，寄託といいます（657 条）。預ける人を寄託者，預かる人を受寄者と呼びます。

片務・無償・諾成契約です。

報酬を支払うことを約束した場合には双務・有償契約になります。

労務供給契約ですが，労務の内容が保管になります。

寄託と委任の区別は困難です

無償の受寄者は，自己の財産に対するのと同じ程度の注意で寄託物を保管する義務を負います（659 条）。

有償の受寄者は，善良なる管理者の注意義務で寄託物を保管する義務を負います。

●2●

消費寄託

受寄者が目的物（代替物である場合）そのものを返還するのではなく，いったんこれを消費したのちに，その物と同種・同等・同量の物を返還する契約を消費寄託といいます。

銀行預金は，金銭の消費寄託の一つです。

---

657 条〔寄託〕寄託は，当事者の一方がある物を保管をすることを相手方に委託し，相手方がこれを承諾することによって，その効力を生ずる。
659 条〔無償受寄者の注意義務〕無報酬の受寄者は，自己の財産に対するのと同一の注意をもって，寄託物を保管する義務を負う。

⑫ ▶ 組合

●1●
組合とは

組合というのは，数人が出資して共同事業を営む契約です(667 条)。民法でいう組合とは、このことです

その団体を組合と呼びます。

組合契約には次のような特徴があります。

①組合員は自分以外にも出資を履行していない組合員がいるからといって，出資義務の履行を拒否できない。
同時履行の抗弁権の適用がない（667 条の 2）。
②組合員の債務不履行は契約解除原因ではなく，除名・組合解散の対象になる。

組合というと、農業協同組合や労働組合を想像するかもしれませんが、これらは農業協同組合法、労働組合法といった特別法によるもので、民法上の「組合」とは区別されます。

667 条〔組合契約〕組合契約は，各当事者が出資をして共同の事業を営むことを約することによって，その効力を生ずる。

●2●
さまざまな団体

社会にはさまざまな団体があります。

ここで法律的に問題となる団体を交通整理しながら，組合の性質を浮かび上がらせましょう。

①組合
構成員の個性が強いもの
②社団
団体の性格が強いもの
③社団型団体
労働組合や農協など特別法の規制の下にあるもの
④権利能力なき社団
社団型団体でありながら法人格がないもの

組合も構成委員の変更を予定していれば④の社団であり，組合の規定は適用されなくなります

民法上の組合は特別法の規制を受けていないので，法人格のない組合型団体と言えるでしょう。法人については，そもそもは民法38条〜84条に規定されていました。非営利の公益を目的とする社団または財団が民法上の法人でした。

新たに制定された一般社団・財団法人法では，営利を目的としなければ，公益を目的するか共益等を目的とするかを問わず，一般社団法人・一般財団法人として認められます。

この点，組合は営利を目的とする共同事業を営むことができるので，さらに幅広い事業を展開することができます。

●3●
組合の業務執行

組合の業務執行における意思決定は，過半数で行います（670条1項）。

組合契約によって，業務執行の一部を組合員・第三者に委任できます。

●4●
組合代理

組合を対外的に代表するため，組合員の誰かが代理権を得て法律行為をします。これを**組合代理**（くみあいだいり）といいます。

業務執行者が定められていないときは，各組合員は組合員の過半数の同意を得たときは他の組合員を代理する権限を持ちます。

業務執行者が定められているときは，その人は対外的な代理権限も持ちます。

●5●
組合の財産

組合自体には法人格がないので，組合財産は全組合員の共有です（668条）。

この場合の共有は**合有**です。

組合財産は，組合の事業目的のためにまとめあげられた財産です。

組合員は，組合契約終了前に分割を求めることはできません。

自分の持分を処分することもできません。

668条〔組合財産の共有〕各組合員の出資その他の組合財産は，総組合員の共有に属する。

●6●
組合の債務

組合の債務も組合員全員に共有的に帰属します。

組合に対する債権者が勝訴判決を得れば，組合財産に執行することができます（675条1項）。

同時に組合員は組合債務について個人的責任も負うため，債権者は各組合員に頭数分だけ執行することができます。

●7●
組合員の変動

組合契約で組合の存続期間を定めなかったとき・組合員の終身組合が存続することを定めたとき、各組合員はいつでも任意に脱退できます。

組合に不利な時期に脱退することはできませんが，やむを得ない事情があれば脱退できます。組合の存続期間を定めたときでもやむを得ない事情があれば，脱退できます（678条）。

死亡・破産・後見開始の審判・除名によって組合員は脱退しなければなりません（679条）。

除名には，組合員全員の一致が必要です。

脱退した組合員と残った組合員の間で，財産関係を清算します。脱退前に生じた組合債務については，脱退後も責任を負います。

組合債務について あくまで個人的責任を負うのです。

678条〔組合員の脱退〕組合契約で組合の存続期間を定めなかったとき，又はある組合員の終身の間組合が存続すべきことを定めたときは，各組合員は，いつでも脱退することができる。ただし，やむを得ない事由がある場合を除き，組合に不利な時期に脱退することができない。
②組合の存続期間を定めた場合であっても，各組合員は，やむを得ない事由があるときは，脱退することができる。

●8●
組合の解散

次の黒板の場合，組合は解散します (682 条)。

①組合の目的事業の成功・成功不能の確定
②組合契約で定めた存続期間の満了
③組合契約で定めた解散事由の発生
④組合員全員の合意

「組合の解散」とは，組合契約の終了のことをいいます

組合が解散された場合，組合財産を清算・分配する手続に入ります。これらの清算手続は清算人が行います。

---

679 条［組合員の脱退・その 2］前条の場合のほか，組合員は，次に掲げる事由によって脱退する。
一　死亡　　　二　破産手続開始の決定を受けたこと。
三　後見開始の審判を受けたこと。　　四　除名
682 条[組合の解散事由] 組合は，次に掲げる事由によって解散する。
一　組合の目的である事業の成功又はその成功の不能
二　組合契約で定めた存続期間の満了
三　組合契約で定めた解散の事由の発生
四　総組合員の同意
683 条〔組合の解散事由〕やむを得ない事由があるときは，各組合員は，組合の解散を請求することができる。

⑬►終身定期金

終身定期金契約(しゅうしんていききんけいやく)というのは，当事者の一方が，自己・相手・第三者に死ぬまで定期にお金を支払う約束をする契約です(689条)。

たとえば，太郎が次郎に対して，自分（太郎）が死ぬまで毎月20万円ずつ支払うというようなものです。

契約の種類としては，諾成契約です。なお，双務契約の場合も片務契約の場合もあり，また有償契約の場合も無償契約の場合もあります。

現在，この契約はほとんど利用されていません。

国民年金などの公的年金が整備されたからです。

689条〔終身定期金契約〕終身定期金契約は，当事者の一方が，自己，相手方又は第三者の死亡に至るまで，定期に金銭その他の物を相手方又は第三者に給付することを約することによって，その効力を生ずる。

⑭ ▶ 和解

当事者が互いに譲り合って紛争に終止符をうつ約束をすることを和解といいます。有償・双務・諾成契約です。

●1●
和解と似ている制度

和解と似ている制度に次の３つがあります。

①裁判所の和解
訴訟上の和解と訴え提起前の和解がある
②調停
調停員が中に入ってとりまとめる和解
確定判決と同一の効力を持つ
③仲裁契約
仲裁人の判断で紛争に終止符をうつ

●2●
示談と後遺症

交通事故の処理のためによく行なわれる示談も，和解の１つだと考えられます。

示談金支払い後は，被害者はその事故に関する一切の損害賠償請求権を放棄する約束がなされることが一般的です。

しかし，当時予想できなかった後遺症が発生した場合は，この約束の効力は及ばないと考えるべきです。

[用語チェック]

解答	問題
	1 (契約各論とは)
①典型 ②13	□　契約各論の規定は，〔①〕契約＝有名契約〔②〕種類に適用され，〔②〕種類以外の無名契約にも準用することができる。
	2 (贈与)
③定期	□　特別な贈与には〔③〕贈与・死因贈与・寄付の3つがある。
	3 (売買)
④成約 ⑤証約 ⑥解約 ⑦違約	□　手付には〔④〕手付・〔⑤〕手付・〔⑥〕手付・〔⑦〕手付の4種類がある。
⑧売り主の瑕疵担保責任 ⑨追完請求 ⑩代金減額請求 ⑪損害賠償請求 ⑫契約解除	□　売買の目的物が契約の内容に適合しないときに負う売り主の責任を〔⑧〕という。買い主は，〔⑨〕権，〔⑩〕権，〔⑪〕権，〔⑫〕権を持つ。
	□　他人の権利を売買するときに，売り主はその権利を取得して買い主に移転する義務を負う。これができなかった場合は，買い主には〔⑪〕権及び〔⑫〕権が発生する。
⑬代金支払い	□〔⑬〕義務は，買い主の基本的義務である。
⑭特殊 ⑮割賦 ⑯訪問 ⑰通信	□　民法の定める売買と異なるパターンの売買を〔⑭〕な売買といい，〔⑮〕販売，〔⑯〕販売，〔⑰〕販売などがある。
⑱8 ⑲クーリングオフ	□　業者の営業所以外の場所で契約の申し込みを行った場合，契約事項を示した書面をもらったときから〔⑱〕日以内に契約を解除することができる制度を〔⑲〕制度という。

□　売買契約時に，将来契約を解除して売り主が売った不動産を買い戻す特約をすることを〔⑳〕といい，その目的物は不動産に限られる。〔⑳〕期間は〔㉑〕年以下である。	⑳買戻 ㉑10
4 (交換)	
□　お金以外の財産権を移転する契約を〔㉒〕と呼ぶ。	㉒交換
5 (消費貸借)	
□　金銭などの代替物を取得し，消費した後で同種・同等な物を返す契約を〔㉓〕という。借主は，合意による〔㉔〕が到来したとき，〔㉔〕を定めなかったときは貸主からの返還の催告後相当期間を経過したときに目的物を返還します。もっとも，借主は〔㉔〕の定めの有無にかかわらず，目的物を返還することができます。	㉓消費貸借 ㉔返還時期
6 (使用貸借)	
□　借りる人が貸す人に借りた物を使用後に返す約束を〔㉕〕貸借という。この場合には〔㉖〕が移転しないのに対し，〔㉗〕貸借の場合は物は借りた人の物となり，借りた人に〔㉖〕が移転する。また，〔㉕〕貸借は無料なのに対し，〔㉘〕は有料である。目的物に傷がある場合は，〔㉙〕の規定を適用する。	㉕使用 ㉖所有権 ㉗消費 ㉘賃貸借 ㉙贈与
□　借りた人は，契約通りに〔㉚〕しなければならず，〔㉛〕義務をもって目的物を保管しなければならない。	㉚使用収益 ㉛善管注意
7 (賃貸借)	
□　〔㉜〕とは，賃料を対価として物を貸し借りすることを指し，レンタルビデオ屋やレンタカー屋はこれを業としている。	㉜賃貸借

解答	問題
㉝使用収益 ㉞修繕	□ 賃貸人は賃借人に，目的物を〔㉝〕させる義務と〔㉝〕に必要な〔㉞〕義務を負う。
㉟費用償還 ㊱有益費	□ 目的物の保存・改良に必要な費用を賃借人が支出した場合は，賃貸人は〔㉟〕義務をを負う。改良のための費用を〔㊱〕という。
	□ 賃借人は〔㉝〕の対価として賃料を支払います。
㊲敷金	□ 〔㊲〕とは，賃料などの債務の担保であり，契約終了時に債務を控除した残りは賃借人に返還するものと考えられている。
㊳債務不履行責任	□ 賃借権は債権であり，目的物が売買されると，自己の賃借権を新所有者に対抗できず，賃借人は賃貸人に〔㊳〕を追求できるだけになってしまう。
㊴妨害の停止 ㊵返還	□ 賃借物の使用収益を妨害する者に対して，対抗要件をそなえた不動産賃借人は，それにもとづく〔㊴〕，ないし〔㊵〕を請求できる。
㊶50	□ 民法の賃貸借の期間は〔㊶〕年以内である。
㊷土地 ㊸建物 ㊹動産	□ 民法の賃貸借契約の解約は，賃貸借期間の定めがなければ，解約申込から〔㊷〕は1年，〔㊸〕は3ケ月，〔㊹〕は1日が経てば成立する。

3時間目
債権第3・4章
事務管理・不当利得

▶ここで学ぶこと

契約・不法行為以外の理由によって債権が発生する場合

- 事務管理
- 不当利得

❶ ▶ 事務管理

●1●
事務管理とは

契約・不当利得・不法行為とともに
債権発生原因の1つです

事務管理というのは，義務がないのに他人の事務を管理する行為です。その結果として，事務管理者と他人＝本人との間に債権関係が発生します。

以前は，お互いに助け合うことが当然でしたが，今は余計なおせっかいは排除される傾向にあります。しかし，一定の場合に義務なくして他人の事務管理をすることは現在でも重要性があり，民法はいくつかの規定を与えました。

●2●
事務管理の成立要件

成立要件は次のようにまとめられます。

①本人の事務の管理を始めたこと
②事務を管理する義務がないこと
③本人のためにする意思のあること
④事務管理が他人のために不利であることが明らかでなく，本人の意思に反することが明らかでないこと

②において義務というのは，契約上の義務などのことを指します。

③において，本人のためにする意思と同時に事務管理者自身のためにする意思があっても構いません。

④において，本人のために不利であることや本人の意思に反することが，善良なる管理者の注意があれば知り得る場合，事務管理は成立しません。不法行為責任が発生する可能性があります。

なお，通説によれば事務管理を行うについては，管理者や本人が行為能力を有することは必要ではありません。ただし，管理者には管理意思を有するための意思能力が必要です。

●3●
事務管理の効果

事務管理になった行為は，不法行為の要件が備わっていても違法性がなくなるので不法行為責任は生じません。きちんと世話をしていたのに小鳥が病気のために死んでしまった場合

事務管理者は，本人の意思を知ったときや知ることができるはずのときは，本人の意思に従う必要があります。

そうでない場合は，本人の利益になるように適切な行為をしなければなりません。

危害

なお，本人の身体・名誉・財産に対する差し迫った危険を取り除くために事務管理をした場合は，悪意・重過失の場合のみ事務管理者は責任を負います（698条）。

緊急事務管理といいます

698条〔緊急事務管理〕管理者は，本人の身体，名誉又は財産に対する急迫の危害を免れさせるために事務管理をしたときは，悪意又は重大な過失があるのでなければ，これによって生じた損害を賠償する責任を負わない。

その他の場合はふつうの過失責任を負います。

事務管理者は，管理を始めたことをすぐに本人に通知しなければなりません。本人が知っている場合は通知する必要はありません（699条）。

本人・相続人・法定代理人が管理できるようになるまで，事務管理者は管理を継続しなければなりません。もっとも，管理を継続することが本人の意思に反するときや，本人にとって不利益なことがはっきりしているときは継続してはいけません（700条）。 管理を中止する必要があります

本人は事務管理者が支出した有益費用を償還する義務を負います。

事務管理者が本人の意思に反して事務管理をしたときは，現に利益を受ける限度で償還します（702条3項）。

699条〔管理者の通知義務〕管理者は，事務管理を始めたことを遅滞なく本人に通知しなければならない。ただし，本人が既にこれを知っているときは，この限りでない。

700条〔管理者による事務管理の継続〕管理者は，本人又はその相続人若しくは法定代理人が管理をすることができるに至るまで，事務管理を継続しなければならない。ただし，事務管理の継続が本人の意思に反し，又は本人に不利であることが明らかであるときは，この限りでない。

702条〔管理者による費用の償還請求等〕③管理者が本人の意思に反して事務管理をしたときは，本人が現に利益を受けている限度においてのみ，前二項の規定を適用する。

❷ ▶ 不当利得

● 1 ● 不当利得とは

不当利得(ふとうりとく)は，正当な理由なく利得を得た者が，そのために損失を受けた者に対して利得の償還をする制度です (703条)。

私が友人に10万円借りることになり，10万円を受け取った後，その消費貸借契約が取り消された場合，私は10万円を不当利得として返還しなければなりません。

不当利得は，公平の原則から見てその利得が不当な場合に損をした者に返させようという制度です。

財産変動が不当な場合，利得を返還させることによって公平な状態にしようということです。しかし不当利得が生じるケースはさまざまであり，公平の原則だけで一律に考えることは困難です。それで不当利得のさまざまな類型を分析し，それぞれの趣旨を見いだす努力が学説によってなされてきました。

不当利得の類型論

703条〔不当利得の返還義務〕法律上の原因なく他人の財産又は労務によって利益を受け，そのために他人に損失を及ぼした者（以下この章において「受益者」という。）は，その利益の存する限度において，これを返還する義務を負う。

●2●

不当利得の成立要件

不当利得の成立要件は次の黒板の通りです。

①他人の財産・労務によって利益を受ける者がいる
②法律上の原因がないのに利得があること
③その利得によって他人が損をしている
④利得と損失の間に因果関係がある

●3●

不当利得の類型

不当利得は従来給付利得と侵害利得に分けられていました。

①給付利得　財産の変動が損をした人の給付行為による場合
②侵害利得　財産の利得が得をした人の無権限の行為による場合

●4●
不当利得の効果

不当利得者は利得を返還しなければなりません。

可能な場合は原物を返還すべきです。

善意の利得者（りとくしゃ）＝受益者（じゅえきしゃ）は，現に利益の存在する限度で返還すればよいのです（703条）。

悪意の受益者は，利得に利息を付けて返還すべきです。損害があれば賠償しなければなりません（704条）。

●5●
非債弁済

債務がないのに弁済した場合，弁済した者に不当利得返還請求権が発生します。

利得者

3つのパターンがあります。

①債務が存在しないのにそのことを知ってあえて弁済した場合
②期限前の弁済
③他人の債務の弁済

704条〔悪意の受益者の返還義務等〕悪意の受益者は，その受けた利益に利息を付して返還しなければならない。この場合において，なお損害があるときは，その賠償の責任を負う。

前の黒板①において，債務がないことを知っているのに支払った者に対しては，贈与したものと同じように考え返還請求権を認めていません。②においては弁済者が錯誤によって弁済期前である場合のみ，利得を返還請求できます（706条）。

●6●
不法原因給付

不法な原因によって給付をした者はその返還を請求できません（708条）。

たとえば博打（ばくち）に負けて金を払った場合，博打は公序良俗に反する無効な行為ですから，返還請求は認められません。

博打をした者まで法律上保護する必要はないというわけです。

不法原因の不法は，公序良俗に反するという意味です。

708条のただし書は不法な原因が不当利得者＝受益者にだけ存在する場合は，返還を請求できることになっています。しかし，受益者にのみ不法原因がある場合には，もともと不法原因給付ではありません。そう考えると無意味な規定になります。

それで判例・学説は，給付者に多少の不法原因があっても受益者＝利得者の不法原因の方がはるかに大きいときは，この708条のただし書を読み替えて返還請求を認めるべきであると考えています。

706条〔期限前の弁済〕債務者は，弁済期にない債務の弁済として給付をしたときは，その給付したものの返還を請求することができない。ただし，債務者が錯誤によってその給付をしたときは，債権者は，これによって得た利益を返還しなければならない。
708条〔不法原因給付〕不法な原因のために給付をした者は，その給付したものの返還を請求することができない。ただし，不法な原因が受益者についてのみ存したときは，この限りでない。

[用語チェック]

①事務管理
②契約上
③違法性
④不法行為責任
⑤緊急事務管理
⑥過失
⑦有益費用
⑧利益
⑨不当利得
⑩公平
⑪因果関係

1 (事務管理)

□　義務がないのに他人の事務を管理することを〔①〕という。

□　この義務というのは〔②〕の義務のことである。

□　事務管理になった行為は原則として不法行為の要件が備わっていても〔③〕がなくなり，〔④〕は生じない。

□　本人の身体・名誉・財産に対する差し迫った危険を取り除くための事務管理を〔⑤〕という。また，悪意・重過失でない場合の〔⑤〕は責任を負わない。その他は〔⑥〕責任を負う。

□　事務管理において本人は事務管理者に〔⑦〕を償還する義務がある。本人の意思に反した事務管理であった場合には，〔⑧〕を受ける限度で償還する。

2 (不当利得)

□　正当な理由なく利益を得た者がそのために損失を受けた者に対して利得の償還をする制度を〔⑨〕という。

□　不当利得とは〔⑩〕の原則から定めたものである。

□　不当利得が成立するためには利得と損失の間に〔⑪〕がなければいけない。

問題	解答
□ 不当利得は〔⑫〕と〔⑬〕とに類型できる。	⑫給付利得 ⑬侵害利得
□ 〔⑫〕とは財産の変動が損をした人の〔⑭〕による場合である。	⑭給付行為
□ また，〔⑬〕とは，財産の利得が得をした人の〔⑮〕の行為による場合である。	⑮無権限
□ 不当利得者は利得を返還する義務があり，可能な場合には〔⑯〕で返還すべきである。	⑯原物
□ 善意の利得者であれば現に利得の〔⑰〕程度で返還すればよい。悪意の利得者は利得に〔⑱〕を付けて賠償しなければならない。	⑰存在する ⑱利息
□ 債務がないのに弁済した場合，弁済した者に不当利得返還請求権が発生する。これを〔⑲〕という。これには，債務が存在しないのに存すると思って弁済した場合，〔⑳〕の弁済，〔㉑〕の債務の弁済がある。ただし，債務がないことを知っていて支払った者は〔㉒〕と同様に扱い，返還請求が認められない。	⑲非債弁済 ⑳期限前 ㉑他人 ㉒贈与
□ また期限前の弁済について，錯誤によって弁済期前に弁済した場合のみ利得の〔㉓〕ができる。	㉓返還請求
□ 不法な原因によって給付した者は〔㉔〕に反するので返還請求をできない。ただし，原因が主に〔㉕〕にだけ存在する場合には返還を請求できる。給付者に不法原因があっても受益者の不法原因の方が大きいときは返還請求は〔㉖〕。	㉔公序良俗 ㉕受益者 ㉖できる

4時間目
債権第5章
不法行為

▶ここで学ぶこと

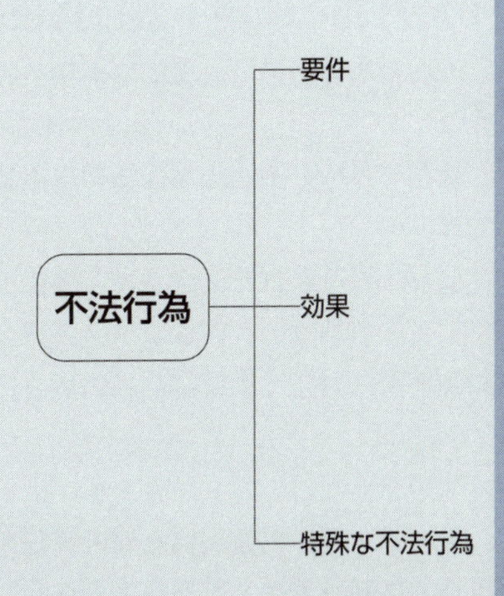

❶ ▸ 不法行為をどう学ぶか

●1●
不法行為の学習の仕方

不法行為は極めて現代的な法現象であり，法律を学ぶ上で重要な論点の1つとなっています。またさまざまな学説があり，学習者が学びにくくなっています。

この本は，はじめて法律を学ぶ人のためのものですから，学説の展開については踏み込みません。みなさんはまず不法行為の鳥瞰図(ちょうかんず)をしっかりとつかんでください。

●2●
不法行為と債務不履行責任

不法行為の勉強に入る前に債務不履行との関係を整理しておきましょう。

債務不履行と不法行為は損害賠償請求権の2大発生原因なのです。

債務不履行された債権者は，債務不履行をした債務者に対して損害賠償請求権を持ちます。不法行為の被害者は，不法行為の加害者に対して損害賠償請求権を持ちます。

次のような言い方もできます。

私たち人間が民法上何らかの責任を持つ場合，その2大原因は債務不履行責任と不法行為責任なのです。

●3●
債務不履行と不法行為の競合

債務不履行と不法行為は損害賠償発生の2大原因です。この2大原因がクロスすることがあります。

この問題をどう考えるべきでしょうか。2つの説があります。

①請求権競合説(せいきゅうけんきょうごうせつ)

債務不履行も不法行為も成立し，債権者は一方・両方のどちらも主張できる。被害者が有利な方を選べたほうがよい、ということ

②法条競合説(ほうじょうきょうごうせつ)

法文上競合するだけで不法行為が一般法，債務不履行が特別法だと考える。結局，債務不履行が優先。債務者不履行とは元々契約関係にあった者同志だから何かあったときの処理も決めている可能性があるということ

●4●
債務不履行と不法行為の各要件

ある行為を，債務不履行や不法行為であると認めるには次のような要件が必要となります。

〈債務不履行・不法行為の各要件〉

	債務不履行	不法行為
債権者と債務者の関係	契約関係	(特になし)
主観的要因	債務者の責に帰すべき事由	故意または過失
客観的要件	本旨に従った履行のないこと	権利を侵害

●5●
不法行為の民事責任と刑事責任

私がスピード違反をして通行人にケガをさせた場合，民法上の不法行為責任と刑事上の過失運転致傷責任が競合します。

民法上被害者に損害賠償を支払うとともに，刑事上過失運転致傷罪で交通刑務所に入るなど刑事処分を受ける可能性があります。

●6●
一般の不法行為と特殊の不法行為

特別の要件によって成立する

不法行為は，一般の不法行為と特殊の不法行為に分けられます。一般の不法行為は，不法行為をした当事者が故意または過失で他人の権利又は法律上保護される利益を侵害した場合に損害を賠償しなければなりません（709条）。

特殊の不法行為は次ページの黒板のような不法行為の責任が生じる場合に成り立ちます。直接に自分で不法行為を行った場合ではなく，他人の加害行為または物（飼い犬・建物を含む）による加害があった場合などです。

709条〔不法行為による損害賠償〕故意又は過失によって他人の権利又は法律上保護される利益を侵害した者は，これによって生じた損害を賠償する責任を負う。

一般の不法行為	不法行為をした当事者が責任を負う。
特殊の不法行為	民法では次のような者が責任を負うと規定している。 ●責任無能力者 幼児・精神障害者など の監督者 幼稚園の保母・精神病院の院長など（714条） ●使用者（715条1項）。 ●土地の工作物 家屋・塀など の占有者と所有者（717条1項）。 ●動物の占有者（718条1項）。 ●共同不法行為者（719条）。

714条〔責任無能力者の監督義務者等の責任〕前二条の規定により責任無能力者がその責任を負わない場合において，その責任無能力者を監督する法定の義務を負う者は，その責任無能力者が第三者に加えた損害を賠償する責任を負う。ただし，監督義務者がその義務を怠らなかったとき，又はその義務を怠らなくても損害が生ずべきであったときは，この限りでない。
②監督義務者に代わって責任無能力者を監督する者も，前項の責任を負う。
715条〔使用者等の責任〕ある事業のために他人を使用する者は，被用者がその事業の執行について第三者に加えた損害を賠償する責任を負う。ただし，使用者が被用者の選任及びその事業の監督について相当の注意をしたとき，又は相当の注意をしても損害が生ずべきであったときは，この限りでない。

不法行為の本を読むと，不法行為理論の説明が長々と続き，学説の変遷（へんせん）などがえんえんと書かれ，やっと終わったところで特殊の不法行為に入ります。

とにもかくにも，一般の不法行為と特殊の不法行為に分けられることを脳に沈め，5つの特別の不法行為のアウトラインをとらえてしまうことが大切です。

717条〔土地の工作物等の占有者及び所有者の責任〕土地の工作物の設置又は保存に瑕疵があることによって他人に損害を生じたときは，その工作物の占有者は，被害者に対してその損害を賠償する責任を負う。ただし，占有者が損害の発生を防止するのに必要な注意をしたときは，所有者がその損害を賠償しなければならない。
718条〔動物の占有者等の責任〕動物の占有者は，その動物が他人に加えた損害を賠償する責任を負う。ただし，動物の種類及び性質に従い相当の注意をもってその管理をしたときは，この限りでない。
719条〔共同不法行為者の責任〕数人が共同の不法行為によって他人に損害を加えたときは，各自が連帯してその損害を賠償する責任を負う。共同行為者のうちいずれの者がその損害を加えたかを知ることができないときも，同様とする。
②行為者を教唆した者及び幇助した者は，共同行為者とみなして，前項の規定を適用する。

●7●
不法行為の定義

不法行為を定義づけると次のようになります。

不法行為は，「故意・過失によって，他人の利益・権利を侵害する行為である。不法行為者は，不法行為によって生じた損害を賠償する義務を負う」。

該当する条文は709条で次の通りです。

「故意又は過失によって他人の権利又は法律上保護される利益を侵害した者は，これによって生じた損害を賠償する責任を負う」。

分析的にみましょう。

①加害者に故意・過失があること
②加害者に責任能力があること
③加害者が被害者の権利・利益を侵害したこと
④損害が発生したこと
⑤損害が加害者の行為によって生じたこと＝加害者の行為と損害の因果関係 効果として被害者が加害者に損害賠償を要求できる

709条〔不法行為による損害賠償〕故意又は過失によって他人の権利又は法律上保護される利益を侵害した者は，これによって生じた損害を賠償する責任を負う

●8●
学説の流れ

細かい学説には踏み込まない約束でしたが，不法行為の理解のために，おおざっぱな学説の発展の流れを見ていきましょう。

H16 年改正前の 709 条には「他人の権利を侵害」と規定されていました。

しかし，どんどん複雑化する資本主義社会において，被害を受ける利益は「権利」の枠の中に収まらなくなります。

学説と判例によって，権利は拡大解釈されるようになりました。 権利拡大説

そして「権利」は，「利益」に置き換えられるようになりました。つまり，保護される被侵害利益が拡大されました。

また，侵害の違法性が重視されるようになりました。そして違法性は被侵害利益と侵害行為の態様との相関関係で決まる，とする考えが出てきました。

つまり，**「権利侵害」から，「利益に対する違法な侵害」**へと変わっていったのです。

権利侵害から違法性へ—相関関係説

このような通説を判例も支持しており（大判大 14.11.28），「権利又は法律上保護される利益」に改められたのです。

さらに，最近では違法性は故意・過失の中で判断すればいいので**違法性という概念は役割を終えた，という考え方が有力**になってきました。—元説

❷ ▸ 不法行為責任の要件

●1●
不法行為成立判断基準…違法性の判断基準

次に違法性の判断基準について考えましょう。

以前は単に**違法性は客観的要件で故意・過失は主観的要件**であると単純に分けられていました。その後，前述の相関関係説と呼ばれる考え方が通説化していきました。

相関関係説というのは，被害の態様と侵害行為の態様を違法性の判断基準と考えるのです。被害の態様というのは，被害を受けた利益の種類や性質や程度のことです。

侵害行為の態様というのは，不法行為＝侵害行為の態様を具体的に考慮するということです。

まず，上の被害の対応について分析的に考えていきましょう。

●2●
被害の種類

被害の種類は，利益が被害を受ける，いくつかのパターンに分けられます。

まず，所有権などの物権の被害です。

他人の所有物の使用・収益・処分を妨害する行為や，他人の所有物を滅失・毀損させる行為です。所有権のほか，用益物権（ようえきぶっけん）や無体財産権の侵害もあります。

たとえば，土地の地上権者が建物を建てて使用しているのを妨害する行為や，著作権を侵害して海賊版（かいぞくばん）を出す行為などです。

CD・出版物など

債権侵害もあります。債務者と通謀して，債務者の財産を隠したり，受取証書を盗んで弁済を受けた場合などです。

通謀とは、表意者が相手方と協力して行う行為のことです

人格権的権利の侵害もあります。

人の生命・身体・自由・名誉を侵害する行為です。

故意に病気をうつしたりする身体侵害や，名誉毀損をする場合，また共同絶交などのような精神的自由の侵害もあります。

プライバシーの侵害も，人格権的権利の侵害の一つです。

●3●
侵害行為の態様

今度は，侵害行為の態様を分析しましょう。

①刑罰法規違反　**刑罰法規に違反する行為による不法行為は，違法性が一般的に強い。**

②取締法規違反　**行政取締法規の中で，個人の保護を目的とする法規に違反する法律行為。**

③公序良俗違反　**社会の秩序や風俗に違反する不法行為。**

●4●
違法性阻却事由

次の5つの場合は違法性阻却事由にあたります。

たとえ，他人の権利・利益を侵害しても，損害賠償を請求する違法性がないので不法行為責任が成立しないというわけです。

①正当防衛
②緊急避難
③自力救済
④正当業務行為
⑤被害者の承諾

1つずつ説明していきましょう。

●5●
正当防衛

他人の不法行為に対して，自分や第三者の権利を守るために，やむを得ず他人の権利を害した場合は不法行為責任は負わなくてよい，というものです（720条1項）。

たとえば，暴漢に対して反撃をした場合などです。

また，痴漢から逃げるためによその家の垣根を壊した場合も正当防衛に当たります。

要件をまとめましょう。

①他人の不法行為が原因であること。
②自分や第三者の権利・利益を守ることを目的とすること。
③適切な方法であること。
④守る法益とそのために犠牲になる法益のバランスがとれていること。

夜道で痴漢に襲われたと仮定しましょう。

①痴漢の不法行為がある。
②被害者の身体や貞操の自由を目的とする。
③痴漢の手から逃れるため，垣根を壊して逃げるしかなかったとする。
④被害者の身体や貞操の自由と垣根の財産的価値では，明らかに前者の方が優先する。

ある意味では常識的に考えることも大切です

720条〔正当防衛及び緊急避難〕他人の不法行為に対し，自己又は第三者の権利又は法律上保護される利益を防衛するため，やむを得ず加害行為をした者は，損害賠償の責任を負わない。ただし，被害者から不法行為をした者に対する損害賠償の請求を妨げない。

●6●
緊急避難

他人の物から生じた急な危険を避けるためにその物を壊した場合には，不法行為の損害賠償を負いません（720条2項）。
緊急避難の要件は次の4つです。

①他人の物による急な危険である。
②その他人の物に対してだけ反撃。
③他に適切な手段がないこと。
④守る法益とそのために犠牲になる法益のバランスがとれていること。

①において，他人の物でなく他人の行為ならば正当防衛になります。

●7●
適切な自力救済

自力救済は原則として法治国家では許されません。
極めて例外的に認められるだけです。
路上でハンドバックを奪われたとき，その場で奪いかえすことは許されるはずです。占有を奪われた者が，占有を取り返す場合などに認められるでしょう。

720条〔正当防衛及び緊急避難〕②前項の規定は，他人の物から生じた急迫の危難を避けるためその物を損傷した場合について準用する。

●8●
正当業務行為

現行犯逮捕や，親が子供を叱（しか）る行為などです。

ボクサーが相手を殴る行為も，正当業務行為の一つです。

●9●
被害者の承諾

たとえば，「邪魔なのでこのタンスを壊してくれ」と頼んだ場合，タンスを壊す行為は不法行為になりませんね。

暴力団太氏が「小指を取って下さい」と医者に頼んだ場合は，被害者の承諾とは言えません。同様に，自殺を手伝ったり，決闘を合意して殺してしまった場合も，被害者の承諾とは言えません。

つまり，身体に対する行為の場合は，基本的に被害者の承諾による免責があるとは言えないのです。

●10●
故意・過失

故意というのは，結果発生に対する認識があることです。

日常生活では「わざとやった」などと言いますね

過失は結果発生に対する注意義務を怠ることです。

日常生活では「うっかりやった」などと言いますね

❖具体的過失と抽象的過失

過失は具体的過失と抽象的過失に分けることができます。

具体的過失というのは具体的行為者の注意能力を基準にするものです。

「自己の財産に対するのと同一の注意」(659条)，「その固有財産におけるのと同一の注意」(918条1項) と言う民法上の表記に，置き換えることができます。

抽象的過失と言うのは，標準的な一般人がある種類の行為をするにあたって当然払うべき注意義務を基準にしています。

「善良なる管理者の注意」と言う民法上の表現に，置き換えることができます。

抽象的過失の方が，具体的過失より高度な注意義務になっています。

不法行為においては抽象的過失が過失の判断基準です。

●11●
責任能力

物事の基本的な理解力を責任能力と言います。

この能力を欠く者を責任無能力者と呼んでいます。

民法上，2種類の責任無能力者が定められています。

①未成年者の中で物事の基本的な理解力を欠く者
②精神上の障害によって物事の基本的な理解力を欠く者

責任無能力者に対しては，不法行為責任を問うことはできません。

●12●
因果関係

不法行為責任が生じるには，不法行為者の故意・過失ある行為によって損害が発生したことが証明されなければなりません。

言い換えれば，**不法行為者の行為と損害の発生に因果関係がなければなりません**（709条）。

因果関係というのは原因・結果の関係です。

不法行為者の行為が原因で損害発生が結果です。

「あれなければこれなしテスト」と呼ばれるものがあります。

「あれ」というのは行為で，「これ」というのは損害発生です。

これによって事実的因果関係を決めるのです。

因果関係の証明は，不法行為を主張する被害者の方が証明しなければなりません。

被害者救済のためには被害者の立証責任の負担を軽くする必要があるので，様々な工夫が考えられています。

因果関係については，**相当因果関係説**（そうとういんがかんけいせつ）と呼ばれるものが通説判例化しています。

918条〔相続財産の管理〕相続人は，その固有財産におけるのと同一の注意をもって，相続財産を管理しなければならない。ただし，相続の承認又は放棄をしたときは，この限りでない。

債務不履行責任における損害賠償の範囲を定めた416条を類推適用するというものです。416条の2項では「特別の事情によって生じた損害であっても，当事者が予想すべきであった場合は，債権者は損害賠償請求できる」となっています。

すなわち，通常生じるはずの損害に加えて特別な事情による損害についても，加害者がその事情を予見すべきである場合は損害賠償の対象とするというものです。

416条〔損害賠償の範囲〕債務の不履行に対する損害賠償の請求は，これによって通常生ずべき損害の賠償をさせることをその目的とする。
②特別の事情によって生じた損害であっても，当事者がその事情を予見すべきであったときは，債権者は，その賠償を請求することができる。

③►不法行為の効果

不法行為の効果として損害賠償請求権が発生します。

損害賠償の方法には損害を金銭に見積もって被害者に支払う金銭賠償と，被害者の被害の現状をもとに戻す原状回復の方法の2つがあります。その他損害賠償の方法には不法行為の中止を命令する**差止め請求の方法**が判例・学説で確立しています。

日本の民法では金銭賠償が原則になっています。

①金銭賠償　これが原則　722条1項
②原状回復　723条
③差止請求　学説・判例で確立

上の黒板の②で，名誉毀損の原状回復の方法として新聞などに謝罪広告などを出す方法がとられています。723条の「裁判所は，名誉を回復するために適当な処分を命令することができる」に基づいています。

722条〔損害賠償の方法及び過失相殺〕第四百十七条及び第四百十七条の二の規定は，不法行為による損害賠償について準用する。
723条〔名誉毀損における原状回復〕他人の名誉を毀損した者に対しては，裁判所は，被害者の請求により，損害賠償に代えて，又は損害賠償とともに，名誉を回復するのに適当な処分を命ずることができる。

●1●
損害賠償請求権者

不法行為の直接の被害者が損害賠償請求者です。

胎児は損害賠償請求権においては生まれたものとみなされるので，損害賠償請求権者になることができます（721条）。

法人も損害賠償請求権者になり得ます。

以上が直接の被害者の場合です。

●2●
間接被害者

間接の被害者の場合は次の2つです。

❖その1…企業

A社の社員が死亡したときに，企業は2つの損害を間接的に受けると考えられます。

①反射損害（はんしゃそんがい）　企業が被害者の治療費を出したケースなど
②真正企業損害（しんせいきぎょうそんがい）　社員が死亡したために売り上げが減ったケースなど

721条〔損害賠償請求権に関する胎児の権利能力〕胎児は，損害賠償の請求権については，既に生まれたものとみなす。

❖その2…被害者の近親者

死亡した被害者の遺族に対しては，次のような損害賠償請求権が認められます。

①扶養侵害による損害賠償請求権の発生
②被害者の父母・配偶者・子供に慰謝料請求権発生（711条）

そして，死亡した被害者自身の損害賠償請求権が発生して遺族に相続されるかどうか，という問題があります。

判例はこれを認めていますが，学説は最近批判的なものが有力になっています。

この条項は，一定の親族について精神的損害の立証の責任を軽減したものです。

それゆえ，判例は列挙された親族は例示にすぎないとして，実質的にこれと同様の身分関係があって，被害者の死亡により大きな精神的苦痛を受けた者にも711条を類推して慰謝料請求を認めています。

そして，近親者は，被害者が死亡しなかったとしても，被害者が死亡した場合と同じぐらいの精神的苦痛を受けたときには709・710条に基づき慰謝料を請求できます。

711条〔近親者に対する損害の賠償〕他人の生命を侵害した者は，被害者の父母，配偶者及び子に対しては，その財産権が侵害されなかった場合においても，損害の賠償をしなければならない。

●3●
損害賠償額の算定

❖その1…財産的損害

損害賠償額の算定については，財産的損害と人身損害に分けて考えるのが便利です。

所有物が不法行為によってなくなってしまった場合には，その所有物の交換価格が損害額です。交換価格の基準時は，不法行為のときです。所有物がなくなってしまったときの価格になります。

物が壊れてしまった場合，修理不可能なら，物がなくなったときと同じように考えます。修理することができるなら修理費用が損害額です。

なお，弁護士費用は費用に含まれませんが，損害賠償の対象になっています。

❖その2…人身損害

人身損害の損害は，死亡や怪我そのものでなく，死亡や怪我によって発生した経済的・精神的不利益のことです。

3つに分けて考えましょう。

①財産の積極的損害　治療費など
②財産の消極的損害　逸失利益（いっしつりえき）
③精神的損害＝慰謝料

上の黒板②において，逸失利益というのは死亡しなければ死者が獲得できたであろう利益です。

けがをした場合の逸失利益は治療が原因で休んだために減った収入や後遺症傷害の損害です。逸失利益＝死者の年収×働くことのできる年数－生活費－中間利息

●4●
損害賠償額の調整

❖その1…損益相殺

不法行為の被害者が，不法行為によって逆に利益を受けた場合，その利益を損害額から割り引くべきでしょう。これを損益相殺（そんえきそうさい）と呼びます。

たとえば被害者が死亡した場合，被害者はもう生活をしないので生活費はいらなくなります。生活費は控除されます。

❖その2…過失相殺

被害者にも過失があるとき，裁判所は損害賠償額算定にあたって考慮することができます（722条2項）。

722条〔損害賠償の方法及び過失相殺〕②被害者に過失があったときは，裁判所は，これを考慮して，損害賠償の額を定めることができる。

●5●
損害賠償請求権の性質

財産的損害の賠償請求権を譲渡することは可能です。慰謝料請求権などの精神的損害の場合は，譲渡することはできません。

しかし，示談によって具体的な金銭債権になってしまった場合には譲渡できます。

不法行為の加害者は，被害者に対して債権を持っている場合でも相殺することはできません。実際に賠償させることによって被害者の救済を図るためです

また，被害者に対して債権を持っているために，加害者が不法行為をしやすくなる傾向がありうるので，それを防ぐ狙いもあります。

不法行為による損害賠償請求権は，被害者・法定代理人が損害と加害者を知った時から**3年間で消滅時効**になります。

また，**不法行為の時から20年**で消滅時効になります。

❹ ▶特殊の不法行為

●1●
特殊の不法行為とは

111 ページで説明したように，一般の不法行為に対し特殊の不法行為があります。

特殊の不法行為は5つあります。

一般の不法行為は，自己責任と過失責任を原則としています。

自己責任というのは，不法行為をした人が責任を負うということです。

過失責任というのは，故意・過失があるときのみ不法行為責任を負うという原則です。そして，一般の不法行為では，故意・過失は被害者の方で立証しなければなりません。

これに対して，特殊の不法行為ではこの原則が修正されています。

土地工作物の不法行為責任は**無過失責任**（むかしつせきにん）です。それ以外の特別な不法行為の責任は過失責任ではありますが，故意・過失の証明を被害者がする必要はありません。加害者の方が，故意・過失がなかったことを証明しなければいけません。

これは**中間責任**（ちゅうかんせきにん）と呼ばれます。

●2●
使用者責任

使用者＝経営者は，被用者＝労働者が仕事上第三者に加えた不法行為の損害賠償責任を負います（715条1項）。

ただし，使用者が被用者の選任・監督に十分な注意を払ったとき，または十分な注意を払っても損害が出るはずだったことを証明したときは使用者は責任を負いません。

ですから中間責任です

使用者は被用者に求償することができます。

仕事の内容は営利的なものでなくてもかまいません。家事のようなものでもいいのです。また，使用者の他に使用者にかわって監督する代理監督者もこの責任を負います。

被用者は，十分な損害賠償金を払う財力がないのが普通です。

使用者は，被用者を使うことによって利益を得ています。

被害者は，救済されなければいけません。

このような事情を考慮してこの条文が作られたのです。

代理監督者が責任を負う場合，使用者も責任を負います。被用者も709条によって本人自身の責任を負います。

これら三者の責任は不真正連帯関係（ふしんせいれんたいかんけい）です。

715条〔使用者等の責任〕ある事業のために他人を使用する者は，被用者がその事業の執行について第三者に加えた損害を賠償する責任を負う。ただし，使用者が被用者の選任及びその事業の監督について相当の注意をしたとき，又は相当の注意をしても損害が生ずべきであったときは，この限りでない。

●3●
責任能力がない者の監督義務者の責任

責任能力がない者の監督義務者・代理監督者は，その者の不法行為について損害賠償責任を負います（714条1項）。

ただし，監督義務者・代理監督者が十分注意を払っていた場合には責任を負いません。ですから中間責任です

被害者の救済のためであり，また監督する人達に注意を呼びかけるためでもあります。

監督義務者は，未成年の場合親権者・後見人です。成年被後見人の場合は後見人です。

代理監督者は法律の規定などによって，責任能力がない者の監督をする義務を負うものです。

この両者の責任は並存し得るものです。不真正連帯関係

●4●
注文者の責任

注文者は原則として請負人の損害賠償責任は負いませんが，注文・指図する際に過失があれば責任を負います（716条）。

714条〔責任無能力者の監督義務者等の責任〕前二条の規定により責任無能力者がその責任を負わない場合において，その責任無能力者を監督する法定の義務を負う者は，その責任無能力者が第三者に加えた損害を賠償する責任を負う。ただし，監督義務者がその義務を怠らなかったとき，又はその義務を怠らなくても損害が生ずべきであったときは，この限りでない。
716条〔注文者の責任〕注文者は，請負人がその仕事について第三者に加えた損害を賠償する責任を負わない。ただし，注文又は指図についてその注文者に過失があったときは，この限りでない。

●5●
土地工作物責任

土地工作物の設置・保存について過失があって生じた損害については，

⑴まず，占有者が責任を負い，

⑵占有者が損害の防止に注意を払っていた場合は，所有者が責任を負います（717条）。

占有者の責任は中間責任です。過失があった場合のみに責任を負い，その過失のなかった証明は占有者がしなければならないからです。

所有者の責任は無過失責任です。

土地工作物の危険性に着目した厳しい責任です

土地工作物というのは，土地にひっついている建物・石垣・道路・橋などです。

失火責任法（しっかせきにんほう）では，重過失がない限り失火による不法行為責任を負わなくてもいいことになっています。失火によって自分の財産の多くを失っている事情があり，木造建築物が多い日本においては損害賠償額が膨大になることを考慮したわけです。

現在は若干ギモンのある特別法ですネ

717条〔土地の工作物等の占有者及び所有者の責任〕土地の工作物の設置又は保存に瑕疵があることによって他人に損害を生じたときは，その工作物の占有者は，被害者に対してその損害を賠償する責任を負う。ただし，占有者が損害の発生を防止するのに必要な注意をしたときは，所有者がその損害を賠償しなければならない。

●6●
動物占有者の責任

自分の飼っている動物が損害を与えた場合，動物の占有者・保管者は，損害賠償責任を負います。ただし注意を払っていた場合にはこの限りではありません（718条）。ですから中間責任です

責任を負うのは，動物の占有者と占有者に代わって動物を保管する人です。所有者でなくても責任を負うのです

●7●
共同不法行為

共同不法行為（719条）には3種類あります。

①数人が共同して不法行為した場合
②数人で一人をリンチして誰が怪我をさせたか不明の場合
③教唆・幇助の場合

教唆…「きょうさ」と読みます。「そそのかす」という意味
幇助…「ほうじょ」と読みます。「援助する」という意味

718条〔動物の占有者等の責任〕動物の占有者は，その動物が他人に加えた損害を賠償する責任を負う。ただし，動物の種類及び性質に従い相当の注意をもってその管理をしたときは，この限りでない。
②占有者に代わって動物を管理する者も，前項の責任を負う。
719条〔共同不法行為者の責任〕数人が共同の不法行為によって他人に損害を加えたときは，各自が連帯してその損害を賠償する責任を負う。共同行為者のうちいずれの者がその損害を加えたかを知ることができないときも，同様とする。
②行為者を教唆した者及び幇助した者は，共同行為者とみなして，前項の規定を適用する。

①の場合は，全員の行為がふつうの不法行為の要件を備えている場合です。共同者間には不真正連帯関係があります。

②の加害者不明の共同不法行為の場合には，被害者の救済の為に共同行為者全員が連帯して責任を負います。不真正連帯関係です。

③において**教唆**（きょうさ）というのは，他人をそそのかして不法行為をさせる場合です。**幇助**（ほうじょ）というのは不法行為者を助ける行為をすることです。

建物を壊そうとする者にハンマーを貸したり，不法侵入する者のために見張りをする場合などです。この場合も，不真正連帯関係が成立します。

[用語チェック]

	1 (不法行為をどう学ぶか)
①不法行為 ②債務不履行	□ 損害賠償請求権が発生する2つの原因は〔①〕と〔②〕である。
③請求権 ④法条	□ そしてその2つが競合するときにおこる問題を考えると，〔①〕と〔②〕の両方が成立し債権者がそれらの一方でも両方でも主張できるという〔③〕競合説と〔②〕が優先されるという〔④〕競合説がある。
⑤精神障害者 ⑥工作物 ⑦動物	□ 〔①〕は一般のものと特別のものがあるが特殊の〔①〕では次の5つに関する責任が問われる。それらは，A幼児や〔⑤〕の監督者の責任，B使用者の雇人の行為に対する責任，C土地の〔⑥〕の欠陥に対する責任，D〔⑦〕の行動に関する〔⑦〕の占有者の責任，E共同で〔①〕を行った場合の連帯責任である。
⑧故意 ⑨過失 ⑩権利 ⑪利益 ⑫損害賠償	□ 709条で見てみると〔①〕は，責任能力を持つ加害者によって〔⑧〕・〔⑨〕がある上で被害者の〔⑩〕・〔⑪〕を侵害し，損害を発生させたことによって被害者は加害者に〔⑫〕を要求できるのである。
⑬注意義務	□ 〔⑧〕というのはわざとやったということであり，民法上での〔①〕の多くが〔⑨〕によって起こったということで，〔⑨〕の概念の方が大切とされている。〔⑨〕は〔⑬〕違反なのである。

2 (不法行為責任の要件)

- □ 因果関係というのは原因・結果の関係のことであり，不法行為者の〔⑭〕が原因で〔⑮〕が結果である。 ⑭行為 ⑮損害発生
- □ 〔⑯〕とは，通常生じるはずの損害に加え特別な事情による損害でも〔⑰〕であれば損害賠償の対象とするもので，因果関係の通説判例となっている。 ⑯相当因果関係説 ⑰予見すべき

3 (不法行為の効果)

- □ 不法行為の効果として〔⑱〕が発生する損害賠償の方法には〔⑲〕と〔⑳〕・差止請求の3つがある。 ⑱損害賠償請求権 ⑲金銭賠償 ⑳原状回復
- □ 不法行為の間接被害者としての企業は，〔㉑〕と〔㉒〕の2つの損害を間接的に受ける。 ㉑反射損害 ㉒真正企業損害
- □ 損害賠償額の算定は，〔㉓〕と人身損害に分けて考える。 ㉓財産的損害
- □ 人身損害は〔㉔〕・〔㉕〕・〔㉖〕の3つに分けて考えられる。 ㉔積極的損害 ㉕消極的損害 ㉖精神的損害
- □ ここで〔㉕〕というのは具体的には死亡しなければ死者が獲得できたであろう利益で〔㉗〕と呼ばれる。 ㉗逸失利益
- □ 不法行為の被害者が，不法行為によって逆に利益を得た場合は，その利益を損害額から割り引く。これを〔㉘〕という。 ㉘損益相殺
- □ 不法行為において被害者にも過失がある場合には，裁判所によって損害賠償額算定が考慮される。これを〔㉙〕という。 ㉙過失相殺
- □ 財産的損害の賠償請求権を譲渡することは可能だが，〔㉚〕の場合は譲渡することはできない。 ㉚精神的損害

㉛3 ㉜20	□　不法行為による損害賠償請求権は被害者が損害及び加害者を知ってから〔㉛〕年で消滅時効となり，また不法行為から〔㉜〕年でも消滅時効となる。
	4 (特殊な不法行為)
㉝使用者責任 ㉞土地工作物責任	□　特殊な不法行為には〔㉝〕・責任無能力者の監督義務責任者の責任・〔㉞〕・〔㉟〕・共同不法行為の5つがある。
㉟動物占有者の責任 ㊱中間責任	□　この中で，無過失責任となるのは〔㉞〕だけである。それ以外の特別不法行為の責任は被害者が故意・過失の証明をする必要がなく〔㊱〕と呼ばれる。
㊲親権者	□　責任無能力者の監督義務の責任において，責任無能力者が未成年の場合監督義務者は〔㊲〕・後見人である。
㊳土地工作物	□　建物・石垣・道路・橋など土地についている物を〔㊳〕という。この設置・保存についての責任が〔㉞〕である。
㊴不真正連帯	□　共同不法行為で，共同者間には〔㊴〕の関係がある。

本書関連の法律条文一覧

▷2020年4月1日施行の条文です

第3編　債権
第2章　契約
第1節　総則
第1款　契約の成立

第521条［契約の締結及び内容の自由］何人も，法令に特別の定めがある場合を除き，契約をするかどうかを自由に決定することができる。
❷契約の当事者は，法令の制限内において，契約の内容を自由に決定することができる。
第522条［契約の成立と方式］契約は，契約の内容を示してその締結を申し入れる意思表示(以下「申込み」という。)に対して相手方が承諾をしたときに成立する。
❷契約の成立には，法令に特別の定めがある場合を除き，書面の作成その他の方式を具備することを要しない。
第523条［承諾の期間の定めのある申込み］承諾の期間を定めてした申込みは，撤回することができない。ただし，申込者が撤回をする権利を留保したときは，この限りでない。
❷申込者が前項の申込みに対して同項の期間内に承諾の通知を受けなかったときは，その申込みは，その効力を失う。
第524条［遅延した承諾の効力］申込者は，遅延した承諾を新たな申込みとみなすことができる。
第525条［承諾の期間の定めのない申込み］承諾の期間を定めないでした申込みは，申込者が承諾の通知を受けるのに相当な期間を経過するまでは，撤回することができない。ただし，申込者が撤回をする権利を留保したときは，この限りでない。
❷対話者に対してした前項の申込みは，同項の規定にかかわらず，その対話が継続している間は，いつでも撤回することができる。
❸対話者に対してした第1項の申込みに対して対話が継続している間に申込者が承諾の通知を受けなかったときは，その申込みは，その効力を失う。ただし，申込者が対話の終了後もその申込みが効力を失わない旨を表示したときは，この限りでない。
第526条［申込者の死亡等］申込者が申込みの通知を発した後に死亡し，意思能力を有しない常況にある者となり，又は行為能力の制限を受けた場

合において，申込者がその事実が生じたとすればその申込みは効力を有しない旨の意思を表示していたとき，又はその相手方が承諾の通知を発するまでにその事実が生じたことを知ったときは，その申込みは，その効力を有しない。
第 527 条 [承諾の通知を必要としない場合における契約の成立時期] 申込者の意思表示又は取引上の慣習により承諾の通知を必要としない場合には，契約は，承諾の意思表示と認めるべき事実があった時に成立する。
第 528 条 [申込みに変更を加えた承諾] 承諾者が，申込みに条件を付し，その他変更を加えてこれを承諾したときは，その申込みの拒絶とともに新たな申込みをしたものとみなす。
第 529 条 [懸賞広告] ある行為をした者に一定の報酬を与える旨を広告した者(以下「懸賞広告者」という。)は，その行為をした者がその広告を知っていたかどうかにかかわらず，その者に対してその報酬を与える義務を負う。
第 529 条の 2 [指定した行為をする期間の定めのある懸賞広告] 懸賞広告者は，その指定した行為をする期間を定めてした広告を撤回することができない。ただし，その広告において撤回をする権利を留保したときは，この限りでない。
❷前項の広告は，その期間内に指定した行為を完了する者がないときは，その効力を失う。
第 529 条の 3 [指定した行為をする期間の定めのない懸賞広告] 懸賞広告者は，その指定した行為を完了する者がない間は，その指定した行為をする期間を定めないでした広告を撤回することができる。ただし，その広告中に撤回をしない旨を表示したときは，この限りでない。
第 530 条 [懸賞広告の撤回の方法] 前の広告と同一の方法による広告の撤回は，これを知らない者に対しても，その効力を有する。
❷広告の撤回は，前の広告と異なる方法によっても，することができる。ただし，その撤回は，これを知った者に対してのみ，その効力を有する。
第 531 条 [懸賞広告の報酬を受ける権利] 広告に定めた行為をした者が数人あるときは，最初にその行為をした者のみが報酬を受ける権利を有する。
❷数人が同時に前項の行為をした場合には，各自が等しい割合で報酬を受ける権利を有する。ただし，報酬がその性質上分割に適しないとき，又は広告において 1 人のみがこれを受けるものとしたときは，抽選でこれを受ける者を定める。
❸前 2 項の規定は，広告中にこれと異なる意思を表示したときは，適用しない。
第 532 条 [優等懸賞広告] 広告に定めた行為をした者が数人ある場合において，その優等者のみに報酬を与えるべきときは，その広告は，応募の期

間を定めたときに限り，その効力を有する。
❷前項の場合において，応募者中いずれの者の行為が優等であるかは，広告中に定めた者が判定し，広告中に判定をする者を定めなかったときは懸賞広告者が判定する。
❸応募者は，前項の判定に対して異議を述べることができない。
❹前条第2項の規定は，数人の行為が同等と判定された場合について準用する。

第2款　契約の効力

第533条［同時履行の抗弁］双務契約の当事者の一方は，相手方がその債務の履行(債務の履行に代わる損害賠償の債務の履行を含む。)を提供するまでは，自己の債務の履行を拒むことができる。ただし，相手方の債務が弁済期にないときは，この限りでない。
第534条　削除
第535条　削除
第536条［債務者の危険負担等］当事者双方の責めに帰することができない事由によって債務を履行することができなくなったときは，債権者は，反対給付の履行を拒むことができる。
❷債権者の責めに帰すべき事由によって債務を履行することができなくなったときは，債権者は，反対給付の履行を拒むことができない。この場合において，債務者は，自己の債務を免れたことによって利益を得たときは，これを債権者に償還しなければならない。
第537条［第三者のためにする契約］契約により当事者の一方が第三者に対してある給付をすることを約したときは，その第三者は，債務者に対して直接にその給付を請求する権利を有する。
❷前項の契約は，その成立の時に第三者が現に存しない場合又は第三者が特定していない場合であっても，そのためにその効力を妨げられない。
❸第1項の場合において，第三者の権利は，その第三者が債務者に対して同項の契約の利益を享受する意思を表示した時に発生する。
第538条［第三者の権利の確定］前条の規定により第三者の権利が発生した後は，当事者は，これを変更し，又は消滅させることができない。
❷前条の規定により第三者の権利が発生した後に，債務者がその第三者に対する債務を履行しない場合には，同条第1項の契約の相手方は，その第三者の承諾を得なければ，契約を解除することができない。
第539条［債務者の抗弁］債務者は，第537条第1項の契約に基づく抗弁をもって，その契約の利益を受ける第三者に対抗することができる。

第3款　契約上の地位の移転

第539条の2　契約の当事者の一方が第三者との間で契約上の地位を譲渡する旨の合意をした場合において，その契約の相手方がその譲渡を承諾したときは，契約上の地位は，その第三者に移転する。

第4款　契約の解除

第540条 [解除権の行使] 契約又は法律の規定により当事者の一方が解除権を有するときは，その解除は，相手方に対する意思表示によってする。

❷前項の意思表示は，撤回することができない。

第541条 [催告による解除] 当事者の一方がその債務を履行しない場合において，相手方が相当の期間を定めてその履行の催告をし，その期間内に履行がないときは，相手方は，契約の解除をすることができる。ただし，その期間を経過した時における債務の不履行がその契約及び取引上の社会通念に照らして軽微であるときは，この限りでない。

第542条 [催告によらない解除] 次に掲げる場合には，債権者は，前条の催告をすることなく，直ちに契約の解除をすることができる。

一　債務の全部の履行が不能であるとき。

二　債務者がその債務の全部の履行を拒絶する意思を明確に表示したとき。

三　債務の一部の履行が不能である場合又は債務者がその債務の一部の履行を拒絶する意思を明確に表示した場合において，残存する部分のみでは契約をした目的を達することができないとき。

四　契約の性質又は当事者の意思表示により，特定の日時又は一定の期間内に履行をしなければ契約をした目的を達することができない場合において，債務者が履行をしないでその時期を経過したとき。

五　前各号に掲げる場合のほか，債務者がその債務の履行をせず，債権者が前条の催告をしても契約をした目的を達するのに足りる履行がされる見込みがないことが明らかであるとき。

❷次に掲げる場合には，債権者は，前条の催告をすることなく，直ちに契約の一部の解除をすることができる。

一　債務の一部の履行が不能であるとき。

二　債務者がその債務の一部の履行を拒絶する意思を明確に表示したとき。

第543条 [債権者の責めに帰すべき事由による場合] 債務の不履行が債権者の責めに帰すべき事由によるものであるときは，債権者は，前2条の規定による契約の解除をすることができない。

第544条 [解除権の不可分性] 当事者の一方が数人ある場合には，契約の解除は，その全員から又はその全員に対してのみ，することができる。

❷前項の場合において，解除権が当事者のうちの1人について消滅したときは，他の者についても消滅する。

第545条 [解除の効果] 当事者の一方がその解除権を行使したときは，各当事者は，その相手方を原状に復させる義務を負う。ただし，第三者の権利を害することはできない。

❷前項本文の場合において，金銭を返還するときは，その受領の時から利

息を付さなければならない。
❸第1項本文の場合において，金銭以外の物を返還するときは，その受領の時以後に生じた果実をも返還しなければならない。
❹解除権の行使は，損害賠償の請求を妨げない。
第546条［契約の解除と同時履行］第533条の規定は，前条の場合について準用する。
第547条［催告による解除権の消滅］解除権の行使について期間の定めがないときは，相手方は，解除権を有する者に対し，相当の期間を定めて，その期間内に解除をするかどうかを確答すべき旨の催告をすることができる。この場合において，その期間内に解除の通知を受けないときは，解除権は，消滅する。
第548条［解除権者の故意による目的物の損傷等による解除権の消滅］解除権を有する者が故意若しくは過失によって契約の目的物を著しく損傷し，若しくは返還することができなくなったとき，又は加工若しくは改造によってこれを他の種類の物に変えたときは，解除権は，消滅する。ただし，解除権を有する者がその解除権を有することを知らなかったときは，この限りでない。

第5款　定型約款

第548条の2［定型約款の合意］定型取引(ある特定の者が不特定多数の者を相手方として行う取引であって，その内容の全部又は一部が画1的であることがその双方にとって合理的なものをいう。以下同じ。)を行うことの合意(次条において「定型取引合意」という。)をした者は，次に掲げる場合には，定型約款(定型取引において，契約の内容とすることを目的としてその特定の者により準備された条項の総体をいう。以下同じ。)の個別の条項についても合意をしたものとみなす。
一　定型約款を契約の内容とする旨の合意をしたとき。
二　定型約款を準備した者(以下「定型約款準備者」という。)があらかじめその定型約款を契約の内容とする旨を相手方に表示していたとき。
❷前項の規定にかかわらず，同項の条項のうち，相手方の権利を制限し，又は相手方の義務を加重する条項であって，その定型取引の態様及びその実情並びに取引上の社会通念に照らして第1条第2項に規定する基本原則に反して相手方の利益を一方的に害すると認められるものについては，合意をしなかったものとみなす。
第548条の3［定型約款の内容の表示］定型取引を行い，又は行おうとする定型約款準備者は，定型取引合意の前又は定型取引合意の後相当の期間内に相手方から請求があった場合には，遅滞なく，相当な方法でその定型約款の内容を示さなければならない。ただし，定型約款準備者が既に相手方に対して定型約款を記載した書面を交付し，又はこれを記録した電磁的

記録を提供していたときは，この限りでない。
❷定型約款準備者が定型取引合意の前において前項の請求を拒んだときは，前条の規定は，適用しない。ただし，一時的な通信障害が発生した場合その他正当な事由がある場合は，この限りでない。
第 548 条の 4 [定型約款の変更] 定型約款準備者は，次に掲げる場合には，定型約款の変更をすることにより，変更後の定型約款の条項について合意があったものとみなし，個別に相手方と合意をすることなく契約の内容を変更することができる。
一　定型約款の変更が，相手方の一般の利益に適合するとき。
二　定型約款の変更が，契約をした目的に反せず，かつ，変更の必要性，変更後の内容の相当性，この条の規定により定型約款の変更をすることがある旨の定めの有無及びその内容その他の変更に係る事情に照らして合理的なものであるとき。
❷定型約款準備者は，前項の規定による定型約款の変更をするときは，その効力発生時期を定め，かつ，定型約款を変更する旨及び変更後の定型約款の内容並びにその効力発生時期をインターネットの利用その他の適切な方法により周知しなければならない。
❸第 1 項第 2 号の規定による定型約款の変更は，前項の効力発生時期が到来するまでに同項の規定による周知をしなければ，その効力を生じない。
❹第 548 条の 2 第 2 項の規定は，第 1 項の規定による定型約款の変更については，適用しない。

第 2 節　贈与

第 549 条 [贈与] 贈与は，当事者の一方がある財産を無償で相手方に与える意思を表示し，相手方が受諾をすることによって，その効力を生ずる。
第 550 条 [書面によらない贈与の解除] 書面によらない贈与は，各当事者が解除をすることができる。ただし，履行の終わった部分については，この限りでない。
第 551 条 [贈与者の引渡義務等] 贈与者は，贈与の目的である物又は権利を，贈与の目的として特定した時の状態で引き渡し，又は移転することを約したものと推定する。
❷負担付贈与については，贈与者は，その負担の限度において，売主と同じく担保の責任を負う。
第 552 条 [定期贈与] 定期の給付を目的とする贈与は，贈与者又は受贈者の死亡によって，その効力を失う。
第 553 条 [負担付贈与] 負担付贈与については，この節に定めるもののほか，その性質に反しない限り，双務契約に関する規定を準用する。
第 554 条 [死因贈与] 贈与者の死亡によって効力を生ずる贈与については，

その性質に反しない限り，遺贈に関する規定を準用する。

第３節　売買

第１款　総則

第 555 条 [売買] 売買は，当事者の一方がある財産権を相手方に移転することを約し，相手方がこれに対してその代金を支払うことを約することによって，その効力を生ずる。

第 556 条 [売買の一方の予約] 売買の一方の予約は，相手方が売買を完結する意思を表示した時から，売買の効力を生ずる。

❷前項の意思表示について期間を定めなかったときは，予約者は，相手方に対し，相当の期間を定めて，その期間内に売買を完結するかどうかを確答すべき旨の催告をすることができる。この場合において，相手方がその期間内に確答をしないときは，売買の一方の予約は，その効力を失う。

第 557 条 [手付] 買主が売主に手付を交付したときは，買主はその手付を放棄し，売主はその倍額を現実に提供して，契約の解除をすることができる。ただし，その相手方が契約の履行に着手した後は，この限りでない。

❷第 545 条第 4 項の規定は，前項の場合には，適用しない。

第 558 条 [売買契約に関する費用] 売買契約に関する費用は，当事者双方が等しい割合で負担する。

第 559 条 [有償契約への準用] この節の規定は，売買以外の有償契約について準用する。ただし，その有償契約の性質がこれを許さないときは，この限りでない。

第２款　売買の効力

第 560 条 [権利移転の対抗要件に係る売主の義務] 売主は，買主に対し，登記，登録その他の売買の目的である権利の移転についての対抗要件を備えさせる義務を負う。

第 561 条 [他人の権利の売買における売主の義務] 他人の権利(権利の一部が他人に属する場合におけるその権利の一部を含む。)を売買の目的としたときは，売主は，その権利を取得して買主に移転する義務を負う。

第 562 条 [買主の追完請求権] 引き渡された目的物が種類，品質又は数量に関して契約の内容に適合しないものであるときは，買主は，売主に対し，目的物の修補，代替物の引渡し又は不足分の引渡しによる履行の追完を請求することができる。ただし，売主は，買主に不相当な負担を課するものでないときは，買主が請求した方法と異なる方法による履行の追完をすることができる。

❷前項の不適合が買主の責めに帰すべき事由によるものであるときは，買主は，同項の規定による履行の追完の請求をすることができない。

第 563 条 [買主の代金減額請求権] 前条第 1 項本文に規定する場合におい

て，買主が相当の期間を定めて履行の追完の催告をし，その期間内に履行の追完がないときは，買主は，その不適合の程度に応じて代金の減額を請求することができる。

❷前項の規定にかかわらず，次に掲げる場合には，買主は，同項の催告をすることなく，直ちに代金の減額を請求することができる。

一　履行の追完が不能であるとき。

二　売主が履行の追完を拒絶する意思を明確に表示したとき。

三　契約の性質又は当事者の意思表示により，特定の日時又は一定の期間内に履行をしなければ契約をした目的を達することができない場合において，売主が履行の追完をしないでその時期を経過したとき。

四　前3号に掲げる場合のほか，買主が前項の催告をしても履行の追完を受ける見込みがないことが明らかであるとき。

❸第1項の不適合が買主の責めに帰すべき事由によるものであるときは，買主は，前2項の規定による代金の減額の請求をすることができない。

第564条［買主の損害賠償請求及び解除権の行使］前2条の規定は，第415条の規定による損害賠償の請求並びに第541条及び第542条の規定による解除権の行使を妨げない。

第565条［移転した権利が契約の内容に適合しない場合における売主の担保責任］前3条の規定は，売主が買主に移転した権利が契約の内容に適合しないものである場合(権利の一部が他人に属する場合においてその権利の一部を移転しないときを含む。)について準用する。

第566条［目的物の種類又は品質に関する担保責任の期間の制限］売主が種類又は品質に関して契約の内容に適合しない目的物を買主に引き渡した場合において，買主がその不適合を知った時から1年以内にその旨を売主に通知しないときは，買主は，その不適合を理由として，履行の追完の請求，代金の減額の請求，損害賠償の請求及び契約の解除をすることができない。ただし，売主が引渡しの時にその不適合を知り，又は重大な過失によって知らなかったときは，この限りでない。

第567条［目的物の滅失等についての危険の移転］売主が買主に目的物(売買の目的として特定したものに限る。以下この条において同じ。)を引き渡した場合において，その引渡しがあった時以後にその目的物が当事者双方の責めに帰することができない事由によって滅失し，又は損傷したときは，買主は，その滅失又は損傷を理由として，履行の追完の請求，代金の減額の請求，損害賠償の請求及び契約の解除をすることができない。この場合において，買主は，代金の支払を拒むことができない。

❷売主が契約の内容に適合する目的物をもって，その引渡しの債務の履行を提供したにもかかわらず，買主がその履行を受けることを拒み，又は受けることができない場合において，その履行の提供があった時以後に当事

者双方の責めに帰することができない事由によってその目的物が滅失し，又は損傷したときも，前項と同様とする。

第568条［競売における担保責任等］民事執行法その他の法律の規定に基づく競売(以下この条において単に「競売」という。)における買受人は，第541条及び第542条の規定並びに第563条(第565条において準用する場合を含む。)の規定により，債務者に対し，契約の解除をし，又は代金の減額を請求することができる。

❷前項の場合において，債務者が無資力であるときは，買受人は，代金の配当を受けた債権者に対し，その代金の全部又は一部の返還を請求することができる。

❸前2項の場合において，債務者が物若しくは権利の不存在を知りながら申し出なかったとき，又は債権者がこれを知りながら競売を請求したときは，買受人は，これらの者に対し，損害賠償の請求をすることができる。

❹前3項の規定は，競売の目的物の種類又は品質に関する不適合については，適用しない。

第569条［債権の売主の担保責任］債権の売主が債務者の資力を担保したときは，契約の時における資力を担保したものと推定する。

❷弁済期に至らない債権の売主が債務者の将来の資力を担保したときは，弁済期における資力を担保したものと推定する。

第570条［抵当権等がある場合の買主による費用の償還請求］買い受けた不動産について契約の内容に適合しない先取特権，質権又は抵当権が存していた場合において，買主が費用を支出してその不動産の所有権を保存したときは，買主は，売主に対し，その費用の償還を請求することができる。

第571条　削除

第572条［担保責任を負わない旨の特約］売主は，第562条第1項本文又は第565条に規定する場合における担保の責任を負わない旨の特約をしたときであっても，知りながら告げなかった事実及び自ら第三者のために設定し又は第三者に譲り渡した権利については，その責任を免れることができない。

第573条［代金の支払期限］売買の目的物の引渡しについて期限があるときは，代金の支払についても同一の期限を付したものと推定する。

第574条［代金の支払場所］売買の目的物の引渡しと同時に代金を支払うべきときは，その引渡しの場所において支払わなければならない。

第575条［果実の帰属及び代金の利息の支払］まだ引き渡されていない売買の目的物が果実を生じたときは，その果実は，売主に帰属する。

❷買主は，引渡しの日から，代金の利息を支払う義務を負う。ただし，代金の支払について期限があるときは，その期限が到来するまでは，利息を支払うことを要しない。

第 576 条［権利を取得することができない等のおそれがある場合の買主による代金の支払の拒絶］売買の目的について権利を主張する者があることその他の事由により，買主がその買い受けた権利の全部若しくは一部を取得することができず，又は失うおそれがあるときは，買主は，その危険の程度に応じて，代金の全部又は一部の支払を拒むことができる。ただし，売主が相当の担保を供したときは，この限りでない。
第 577 条［抵当権等の登記がある場合の買主による代金の支払の拒絶］買い受けた不動産について契約の内容に適合しない抵当権の登記があるときは，買主は，抵当権消滅請求の手続が終わるまで，その代金の支払を拒むことができる。この場合において，売主は，買主に対し，遅滞なく抵当権消滅請求をすべき旨を請求することができる。
❷前項の規定は，買い受けた不動産について契約の内容に適合しない先取特権又は質権の登記がある場合について準用する。
第 578 条［売主による代金の供託の請求］前 2 条の場合においては，売主は，買主に対して代金の供託を請求することができる。

第 3 款　買戻し

第 579 条［買戻しの特約］不動産の売主は，売買契約と同時にした買戻しの特約により，買主が支払った代金(別段の合意をした場合にあっては，その合意により定めた金額。第 583 条第 1 項において同じ。)及び契約の費用を返還して，売買の解除をすることができる。この場合において，当事者が別段の意思を表示しなかったときは，不動産の果実と代金の利息とは相殺したものとみなす。
第 580 条［買戻しの期間］買戻しの期間は，10 年を超えることができない。特約でこれより長い期間を定めたときは，その期間は，10 年とする。
❷買戻しについて期間を定めたときは，その後にこれを伸長することができない。
❸買戻しについて期間を定めなかったときは，5 年以内に買戻しをしなければならない。
第 581 条［買戻しの特約の対抗力］売買契約と同時に買戻しの特約を登記したときは，買戻しは，第三者に対抗することができる。
❷前項の登記がされた後に第 605 条の 2 第 1 項に規定する対抗要件を備えた賃借人の権利は，その残存期間中 1 年を超えない期間に限り，売主に対抗することができる。ただし，売主を害する目的で賃貸借をしたときは，この限りでない。
第 582 条［買戻権の代位行使］売主の債権者が第 423 条の規定により売主に代わって買戻しをしようとするときは，買主は，裁判所において選任した鑑定人の評価に従い，不動産の現在の価額から売主が返還すべき金額を控除した残額に達するまで売主の債務を弁済し，なお残余があるときはこ

れを売主に返還して，買戻権を消滅させることができる。

第583条［買戻しの実行］売主は，第580条に規定する期間内に代金及び契約の費用を提供しなければ，買戻しをすることができない。

❷買主又は転得者が不動産について費用を支出したときは，売主は，第196条の規定に従い，その償還をしなければならない。ただし，有益費については，裁判所は，売主の請求により，その償還について相当の期限を許与することができる。

第584条［共有持分の買戻特約付売買］不動産の共有者の1人が買戻しの特約を付してその持分を売却した後に，その不動産の分割又は競売があったときは，売主は，買主が受け，若しくは受けるべき部分又は代金について，買戻しをすることができる。ただし，売主に通知をしないでした分割及び競売は，売主に対抗することができない。

第585条　前条の場合において，買主が不動産の競売における買受人となったときは，売主は，競売の代金及び第583条に規定する費用を支払って買戻しをすることができる。この場合において，売主は，その不動産の全部の所有権を取得する。

❷他の共有者が分割を請求したことにより買主が競売における買受人となったときは，売主は，その持分のみについて買戻しをすることはできない。

第4節　交換

第586条　交換は，当事者が互いに金銭の所有権以外の財産権を移転することを約することによって，その効力を生ずる。

❷当事者の一方が他の権利とともに金銭の所有権を移転することを約した場合におけるその金銭については，売買の代金に関する規定を準用する。

第5節　消費貸借

第587条［消費貸借］消費貸借は，当事者の一方が種類，品質及び数量の同じ物をもって返還をすることを約して相手方から金銭その他の物を受け取ることによって，その効力を生ずる。

第587条の2［書面でする消費貸借等］前条の規定にかかわらず，書面でする消費貸借は，当事者の一方が金銭その他の物を引き渡すことを約し，相手方がその受け取った物と種類，品質及び数量の同じ物をもって返還をすることを約することによって，その効力を生ずる。

❷書面でする消費貸借の借主は，貸主から金銭その他の物を受け取るまで，契約の解除をすることができる。この場合において，貸主は，その契約の解除によって損害を受けたときは，借主に対し，その賠償を請求することができる。

❸書面でする消費貸借は，借主が貸主から金銭その他の物を受け取る前に

当事者の一方が破産手続開始の決定を受けたときは，その効力を失う。
❹消費貸借がその内容を記録した電磁的記録によってされたときは，その消費貸借は，書面によってされたものとみなして，前3項の規定を適用する。
第588条［準消費貸借］金銭その他の物を給付する義務を負う者がある場合において，当事者がその物を消費貸借の目的とすることを約したときは，消費貸借は，これによって成立したものとみなす。
第589条［利息］貸主は，特約がなければ，借主に対して利息を請求することができない。
❷前項の特約があるときは，貸主は，借主が金銭その他の物を受け取った日以後の利息を請求することができる。
第590条［貸主の引渡義務等］第551条の規定は，前条第1項の特約のない消費貸借について準用する。
❷前条第1項の特約の有無にかかわらず，貸主から引き渡された物が種類又は品質に関して契約の内容に適合しないものであるときは，借主は，その物の価額を返還することができる。
第591条［返還の時期］当事者が返還の時期を定めなかったときは，貸主は，相当の期間を定めて返還の催告をすることができる。
❷借主は，返還の時期の定めの有無にかかわらず，いつでも返還をすることができる。
❸当事者が返還の時期を定めた場合において，貸主は，借主がその時期の前に返還をしたことによって損害を受けたときは，借主に対し，その賠償を請求することができる。
第592条［価額の償還］借主が貸主から受け取った物と種類，品質及び数量の同じ物をもって返還をすることができなくなったときは，その時における物の価額を償還しなければならない。ただし，第402条第2項に規定する場合は，この限りでない。

第6節　使用貸借

第593条［使用貸借］使用貸借は，当事者の一方がある物を引き渡すことを約し，相手方がその受け取った物について無償で使用及び収益をして契約が終了したときに返還をすることを約することによって，その効力を生ずる。
第593条の2［借用物受取り前の貸主による使用貸借の解除］貸主は，借主が借用物を受け取るまで，契約の解除をすることができる。ただし，書面による使用貸借については，この限りでない。
第594条［借主による使用及び収益］借主は，契約又はその目的物の性質によって定まった用法に従い，その物の使用及び収益をしなければならない。

❷借主は，貸主の承諾を得なければ，第三者に借用物の使用又は収益をさせることができない。

❸借主が前2項の規定に違反して使用又は収益をしたときは，貸主は，契約の解除をすることができる。

第595条［借用物の費用の負担］借主は，借用物の通常の必要費を負担する。

❷第583条第2項の規定は，前項の通常の必要費以外の費用について準用する。

第596条［貸主の引渡義務等］第551条の規定は，使用貸借について準用する。

第597条［期間満了等による使用貸借の終了］当事者が使用貸借の期間を定めたときは，使用貸借は，その期間が満了することによって終了する。

❷当事者が使用貸借の期間を定めなかった場合において，使用及び収益の目的を定めたときは，使用貸借は，借主がその目的に従い使用及び収益を終えることによって終了する。

❸使用貸借は，借主の死亡によって終了する。

第598条［使用貸借の解除］貸主は，前条第2項に規定する場合において，同項の目的に従い借主が使用及び収益をするのに足りる期間を経過したときは，契約の解除をすることができる。

❷当事者が使用貸借の期間並びに使用及び収益の目的を定めなかったときは，貸主は，いつでも契約の解除をすることができる。

❸借主は，いつでも契約の解除をすることができる。

第599条［借主による収去等］借主は，借用物を受け取った後にこれに附属させた物がある場合において，使用貸借が終了したときは，その附属させた物を収去する義務を負う。ただし，借用物から分離することができない物又は分離するのに過分の費用を要する物については，この限りでない。

❷借主は，借用物を受け取った後にこれに附属させた物を収去することができる。

❸借主は，借用物を受け取った後にこれに生じた損傷がある場合において，使用貸借が終了したときは，その損傷を原状に復する義務を負う。ただし，その損傷が借主の責めに帰することができない事由によるものであるときは，この限りでない。

第600条［損害賠償及び費用の償還の請求権についての期間の制限］契約の本旨に反する使用又は収益によって生じた損害の賠償及び借主が支出した費用の償還は，貸主が返還を受けた時から1年以内に請求しなければならない。

❷前項の損害賠償の請求権については，貸主が返還を受けた時から1年を経過するまでの間は，時効は，完成しない。

第7節　賃貸借……………………………………………………………

第1款　総則……………………………………………………………

第601条［賃貸借］賃貸借は，当事者の一方がある物の使用及び収益を相手方にさせることを約し，相手方がこれに対してその賃料を支払うこと及び引渡しを受けた物を契約が終了したときに返還することを約することによって，その効力を生ずる。

第602条［短期賃貸借］処分の権限を有しない者が賃貸借をする場合には，次の各号に掲げる賃貸借は，それぞれ当該各号に定める期間を超えることができない。契約でこれより長い期間を定めたときであっても，その期間は，当該各号に定める期間とする。

一　樹木の栽植又は伐採を目的とする山林の賃貸借　10年

二　前号に掲げる賃貸借以外の土地の賃貸借　5年

三　建物の賃貸借　3年

四　動産の賃貸借　6箇月

第603条［短期賃貸借の更新］前条に定める期間は，更新することができる。ただし，その期間満了前，土地については1年以内，建物については3箇月以内，動産については1箇月以内に，その更新をしなければならない。

第604条［賃貸借の存続期間］賃貸借の存続期間は，50年を超えることができない。契約でこれより長い期間を定めたときであっても，その期間は，50年とする。

❷賃貸借の存続期間は，更新することができる。ただし，その期間は，更新の時から50年を超えることができない。

第2款　賃貸借の効力……………………………………………………

第605条［不動産賃貸借の対抗力］不動産の賃貸借は，これを登記したときは，その不動産について物権を取得した者その他の第三者に対抗することができる。

第605条の2［不動産の賃貸人たる地位の移転］前条，借地借家法(平成3年法律第90号)第10条又は第31条その他の法令の規定による賃貸借の対抗要件を備えた場合において，その不動産が譲渡されたときは，その不動産の賃貸人たる地位は，その譲受人に移転する。

❷前項の規定にかかわらず，不動産の譲渡人及び譲受人が，賃貸人たる地位を譲渡人に留保する旨及びその不動産を譲受人が譲渡人に賃貸する旨の合意をしたときは，賃貸人たる地位は，譲受人に移転しない。この場合において，譲渡人と譲受人又はその承継人との間の賃貸借が終了したときは，譲渡人に留保されていた賃貸人たる地位は，譲受人又はその承継人に移転する。

❸第1項又は前項後段の規定による賃貸人たる地位の移転は，賃貸物である不動産について所有権の移転の登記をしなければ，賃借人に対抗するこ

とができない。
❹第1項又は第2項後段の規定により賃貸人たる地位が譲受人又はその承継人に移転したときは，第608条の規定による費用の償還に係る債務及び第622条の2第1項の規定による同項に規定する敷金の返還に係る債務は，譲受人又はその承継人が承継する。
第605条の3［合意による不動産の賃貸人たる地位の移転］不動産の譲渡人が賃貸人であるときは，その賃貸人たる地位は，賃借人の承諾を要しないで，譲渡人と譲受人との合意により，譲受人に移転させることができる。この場合においては，前条第3項及び第4項の規定を準用する。
第605条の4［不動産の賃借人による妨害の停止の請求等］不動産の賃借人は，第605条の2第1項に規定する対抗要件を備えた場合において，次の各号に掲げるときは，それぞれ当該各号に定める請求をすることができる。
一　その不動産の占有を第三者が妨害しているとき　その第三者に対する妨害の停止の請求
二　その不動産を第三者が占有しているとき　その第三者に対する返還の請求
第606条［賃貸人による修繕等］賃貸人は，賃貸物の使用及び収益に必要な修繕をする義務を負う。ただし，賃借人の責めに帰すべき事由によってその修繕が必要となったときは，この限りでない。
❷賃貸人が賃貸物の保存に必要な行為をしようとするときは，賃借人は，これを拒むことができない。
第607条［賃借人の意思に反する保存行為］賃貸人が賃借人の意思に反して保存行為をしようとする場合において，そのために賃借人が賃借をした目的を達することができなくなるときは，賃借人は，契約の解除をすることができる。
第607条の2［賃借人による修繕］賃借物の修繕が必要である場合において，次に掲げるときは，賃借人は，その修繕をすることができる。
一　賃借人が賃貸人に修繕が必要である旨を通知し，又は賃貸人がその旨を知ったにもかかわらず，賃貸人が相当の期間内に必要な修繕をしないとき。
二　急迫の事情があるとき。
第608条［賃借人による費用の償還請求］賃借人は，賃借物について賃貸人の負担に属する必要費を支出したときは，賃貸人に対し，直ちにその償還を請求することができる。
❷賃借人が賃借物について有益費を支出したときは，賃貸人は，賃貸借の終了の時に，第196条第2項の規定に従い，その償還をしなければならない。ただし，裁判所は，賃貸人の請求により，その償還について相当の期限を許与することができる。

第609条［減収による賃料の減額請求］耕作又は牧畜を目的とする土地の賃借人は，不可抗力によって賃料より少ない収益を得たときは，その収益の額に至るまで，賃料の減額を請求することができる。
第610条［減収による解除］前条の場合において，同条の賃借人は，不可抗力によって引き続き2年以上賃料より少ない収益を得たときは，契約の解除をすることができる。
第611条［賃借物の一部滅失等による賃料の減額等］賃借物の一部が滅失その他の事由により使用及び収益をすることができなくなった場合において，それが賃借人の責めに帰することができない事由によるものであるときは，賃料は，その使用及び収益をすることができなくなった部分の割合に応じて，減額される。
❷賃借物の一部が滅失その他の事由により使用及び収益をすることができなくなった場合において，残存する部分のみでは賃借人が賃借をした目的を達することができないときは，賃借人は，契約の解除をすることができる。
第612条［賃借権の譲渡及び転貸の制限］賃借人は，賃貸人の承諾を得なければ，その賃借権を譲り渡し，又は賃借物を転貸することができない。
❷賃借人が前項の規定に違反して第三者に賃借物の使用又は収益をさせたときは，賃貸人は，契約の解除をすることができる。
第613条［転貸の効果］賃借人が適法に賃借物を転貸したときは，転借人は，賃貸人と賃借人との間の賃貸借に基づく賃借人の債務の範囲を限度として，賃貸人に対して転貸借に基づく債務を直接履行する義務を負う。この場合においては，賃料の前払をもって賃貸人に対抗することができない。
❷前項の規定は，賃貸人が賃借人に対してその権利を行使することを妨げない。
❸賃借人が適法に賃借物を転貸した場合には，賃貸人は，賃借人との間の賃貸借を合意により解除したことをもって転借人に対抗することができない。ただし，その解除の当時，賃貸人が賃借人の債務不履行による解除権を有していたときは，この限りでない。
第614条［賃料の支払時期］賃料は，動産，建物及び宅地については毎月末に，その他の土地については毎年末に，支払わなければならない。ただし，収穫の季節があるものについては，その季節の後に遅滞なく支払わなければならない。
第615条［賃借人の通知義務］賃借物が修繕を要し，又は賃借物について権利を主張する者があるときは，賃借人は，遅滞なくその旨を賃貸人に通知しなければならない。ただし，賃貸人が既にこれを知っているときは，この限りでない。
第616条［賃借人による使用及び収益］第594条第1項の規定は，賃貸借について準用する。

第3款　賃貸借の終了

第616条の2［賃借物の全部滅失等による賃貸借の終了］賃借物の全部が滅失その他の事由により使用及び収益をすることができなくなった場合には，賃貸借は，これによって終了する。

第617条［期間の定めのない賃貸借の解約の申入れ］当事者が賃貸借の期間を定めなかったときは，各当事者は，いつでも解約の申入れをすることができる。この場合においては，次の各号に掲げる賃貸借は，解約の申入れの日からそれぞれ当該各号に定める期間を経過することによって終了する。

一　土地の賃貸借　1年

二　建物の賃貸借　3箇月

三　動産及び貸席の賃貸借　1日

❷収穫の季節がある土地の賃貸借については，その季節の後次の耕作に着手する前に，解約の申入れをしなければならない。

第618条［期間の定めのある賃貸借の解約をする権利の留保］当事者が賃貸借の期間を定めた場合であっても，その一方又は双方がその期間内に解約をする権利を留保したときは，前条の規定を準用する。

第619条［賃貸借の更新の推定等］賃貸借の期間が満了した後賃借人が賃借物の使用又は収益を継続する場合において，賃貸人がこれを知りながら異議を述べないときは，従前の賃貸借と同一の条件で更に賃貸借をしたものと推定する。この場合において，各当事者は，第617条の規定により解約の申入れをすることができる。

❷従前の賃貸借について当事者が担保を供していたときは，その担保は，期間の満了によって消滅する。ただし，第622条の2第1項に規定する敷金については，この限りでない。

第620条［賃貸借の解除の効力］賃貸借の解除をした場合には，その解除は，将来に向かってのみその効力を生ずる。この場合においては，損害賠償の請求を妨げない。

第621条［賃借人の原状回復義務］賃借人は，賃借物を受け取った後にこれに生じた損傷(通常の使用及び収益によって生じた賃借物の損耗並びに賃借物の経年変化を除く。以下この条において同じ。)がある場合において，賃貸借が終了したときは，その損傷を原状に復する義務を負う。ただし，その損傷が賃借人の責めに帰することができない事由によるものであるときは，この限りでない。

第622条［使用貸借の規定の準用］第597条第1項，第599条第1項及び第2項並びに第600条の規定は，賃貸借について準用する。

第4款　敷金

第622条の2　賃貸人は，敷金(いかなる名目によるかを問わず，賃料債務その他の賃貸借に基づいて生ずる賃借人の賃貸人に対する金銭の給付を目的とする債務を担保する目的で，賃借人が賃貸人に交付する金銭をいう。以下この条において同じ。)を受け取っている場合において，次に掲げるときは，賃借人に対し，その受け取った敷金の額から賃貸借に基づいて生じた賃借人の賃貸人に対する金銭の給付を目的とする債務の額を控除した残額を返還しなければならない。
一　賃貸借が終了し，かつ，賃貸物の返還を受けたとき。
二　賃借人が適法に賃借権を譲り渡したとき。
❷賃貸人は，賃借人が賃貸借に基づいて生じた金銭の給付を目的とする債務を履行しないときは，敷金をその債務の弁済に充てることができる。この場合において，賃借人は，賃貸人に対し，敷金をその債務の弁済に充てることを請求することができない。

第8節　雇用

第623条［雇用］雇用は，当事者の一方が相手方に対して労働に従事することを約し，相手方がこれに対してその報酬を与えることを約することによって，その効力を生ずる。
第624条［報酬の支払時期］労働者は，その約した労働を終わった後でなければ，報酬を請求することができない。
❷期間によって定めた報酬は，その期間を経過した後に，請求することができる。
第624条の2［履行の割合に応じた報酬］労働者は，次に掲げる場合には，既にした履行の割合に応じて報酬を請求することができる。
一　使用者の責めに帰することができない事由によって労働に従事することができなくなったとき。
二　雇用が履行の中途で終了したとき。
第625条［使用者の権利の譲渡の制限等］使用者は，労働者の承諾を得なければ，その権利を第三者に譲り渡すことができない。
❷労働者は，使用者の承諾を得なければ，自己に代わって第三者を労働に従事させることができない。
❸労働者が前項の規定に違反して第三者を労働に従事させたときは，使用者は，契約の解除をすることができる。
第626条［期間の定めのある雇用の解除］雇用の期間が5年を超え，又はその終期が不確定であるときは，当事者の一方は，5年を経過した後，いつでも契約の解除をすることができる。
❷前項の規定により契約の解除をしようとする者は，それが使用者であるときは3箇月前，労働者であるときは2週間前に，その予告をしなければならない。
第627条［期間の定めのない雇用の解約の申入れ］当事者が雇用の期間を

定めなかったときは，各当事者は，いつでも解約の申入れをすることができる。この場合において，雇用は，解約の申入れの日から 2 週間を経過することによって終了する。
❷期間によって報酬を定めた場合には，使用者からの解約の申入れは，次期以後についてすることができる。ただし，その解約の申入れは，当期の前半にしなければならない。
❸ 6 箇月以上の期間によって報酬を定めた場合には，前項の解約の申入れは，3 箇月前にしなければならない。
第 628 条［やむを得ない事由による雇用の解除］ 当事者が雇用の期間を定めた場合であっても，やむを得ない事由があるときは，各当事者は，直ちに契約の解除をすることができる。この場合において，その事由が当事者の一方の過失によって生じたものであるときは，相手方に対して損害賠償の責任を負う。
第 629 条［雇用の更新の推定等］ 雇用の期間が満了した後労働者が引き続きその労働に従事する場合において，使用者がこれを知りながら異議を述べないときは，従前の雇用と同一の条件で更に雇用をしたものと推定する。この場合において，各当事者は，第 627 条の規定により解約の申入れをすることができる。
❷従前の雇用について当事者が担保を供していたときは，その担保は，期間の満了によって消滅する。ただし，身元保証金については，この限りでない。
第 630 条［雇用の解除の効力］ 第 620 条の規定は，雇用について準用する。
第 631 条［使用者についての破産手続の開始による解約の申入れ］ 使用者が破産手続開始の決定を受けた場合には，雇用に期間の定めがあるときであっても，労働者又は破産管財人は，第 627 条の規定により解約の申入れをすることができる。この場合において，各当事者は，相手方に対し，解約によって生じた損害の賠償を請求することができない。

第 9 節　請負

第 632 条［請負］ 請負は，当事者の一方がある仕事を完成することを約し，相手方がその仕事の結果に対してその報酬を支払うことを約することによって，その効力を生ずる。
第 633 条［報酬の支払時期］ 報酬は，仕事の目的物の引渡しと同時に，支払わなければならない。ただし，物の引渡しを要しないときは，第 624 条第 1 項の規定を準用する。
第 634 条［注文者が受ける利益の割合に応じた報酬］ 次に掲げる場合において，請負人が既にした仕事の結果のうち可分な部分の給付によって注文者が利益を受けるときは，その部分を仕事の完成とみなす。この場合において，請負人は，注文者が受ける利益の割合に応じて報酬を請求することができる。
一　注文者の責めに帰することができない事由によって仕事を完成することができなくなったとき。
二　請負が仕事の完成前に解除されたとき。
第 635 条　削除
第 636 条［請負人の担保責任の制限］請負人が種類又は品質に関して契約の内容に適合しない仕事の目的物を注文者に引き渡したとき(その引渡しを要しない場合にあっては，仕事が終了した時に仕事の目的物が種類又は品質に関して契約の内容に適合しないとき)は，注文者は，注文者の供した材料の性質又は注文者の与えた指図によって生じた不適合を理由として，履行の追完の請求，報酬の減額の請求，損害賠償の請求及び契約の解除をすることができない。ただし，請負人がその材料又は指図が不適当であることを知りながら告げなかったときは，この限りでない。
第 637 条［目的物の種類又は品質に関する担保責任の期間の制限］前条本文に規定する場合において，注文者がその不適合を知った時から 1 年以内にその旨を請負人に通知しないときは，注文者は，その不適合を理由として，履行の追完の請求，報酬の減額の請求，損害賠償の請求及び契約の解除をすることができない。
❷前項の規定は，仕事の目的物を注文者に引き渡した時(その引渡しを要しない場合にあっては，仕事が終了した時)において，請負人が同項の不適合を知り，又は重大な過失によって知らなかったときは，適用しない。
第 638 条　削除
第 639 条　削除
第 640 条　削除
第 641 条［注文者による契約の解除］請負人が仕事を完成しない間は，注文者は，いつでも損害を賠償して契約の解除をすることができる。
第 642 条［注文者についての破産手続の開始による解除］注文者が破産手続開始の決定を受けたときは，請負人又は破産管財人は，契約の解除をすることができる。ただし，請負人による契約の解除については，仕事を完成した後は，この限りでない。
❷前項に規定する場合において，請負人は，既にした仕事の報酬及びその中に含まれていない費用について，破産財団の配当に加入することができる。
❸第 1 項の場合には，契約の解除によって生じた損害の賠償は，破産管財人が契約の解除をした場合における請負人に限り，請求することができる。この場合において，請負人は，その損害賠償について，破産財団の配当に加入する。

第10節　委任

第643条［委任］委任は，当事者の一方が法律行為をすることを相手方に委託し，相手方がこれを承諾することによって，その効力を生ずる。

第644条［受任者の注意義務］受任者は，委任の本旨に従い，善良な管理者の注意をもって，委任事務を処理する義務を負う。

第644条の2［復受任者の選任等］受任者は，委任者の許諾を得たとき，又はやむを得ない事由があるときでなければ，復受任者を選任することができない。

❷代理権を付与する委任において，受任者が代理権を有する復受任者を選任したときは，復受任者は，委任者に対して，その権限の範囲内において，受任者と同一の権利を有し，義務を負う。

第645条［受任者による報告］受任者は，委任者の請求があるときは，いつでも委任事務の処理の状況を報告し，委任が終了した後は，遅滞なくその経過及び結果を報告しなければならない。

第646条［受任者による受取物の引渡し等］受任者は，委任事務を処理するに当たって受け取った金銭その他の物を委任者に引き渡さなければならない。その収取した果実についても，同様とする。

❷受任者は，委任者のために自己の名で取得した権利を委任者に移転しなければならない。

第647条［受任者の金銭の消費についての責任］受任者は，委任者に引き渡すべき金額又はその利益のために用いるべき金額を自己のために消費したときは，その消費した日以後の利息を支払わなければならない。この場合において，なお損害があるときは，その賠償の責任を負う。

第648条［受任者の報酬］受任者は，特約がなければ，委任者に対して報酬を請求することができない。

❷受任者は，報酬を受けるべき場合には，委任事務を履行した後でなければ，これを請求することができない。ただし，期間によって報酬を定めたときは，第624条第2項の規定を準用する。

❸受任者は，次に掲げる場合には，既にした履行の割合に応じて報酬を請求することができる。

一　委任者の責めに帰することができない事由によって委任事務の履行をすることができなくなったとき。

二　委任が履行の中途で終了したとき。

第648条の2［成果等に対する報酬］委任事務の履行により得られる成果に対して報酬を支払うことを約した場合において，その成果が引渡しを要するときは，報酬は，その成果の引渡しと同時に，支払わなければならない。

❷第634条の規定は，委任事務の履行により得られる成果に対して報酬を

支払うことを約した場合について準用する。
第649条［受任者による費用の前払請求］委任事務を処理するについて費用を要するときは，委任者は，受任者の請求により，その前払をしなければならない。
第650条［受任者による費用等の償還請求等］受任者は，委任事務を処理するのに必要と認められる費用を支出したときは，委任者に対し，その費用及び支出の日以後におけるその利息の償還を請求することができる。
❷受任者は，委任事務を処理するのに必要と認められる債務を負担したときは，委任者に対し，自己に代わってその弁済をすることを請求することができる。この場合において，その債務が弁済期にないときは，委任者に対し，相当の担保を供させることができる。
❸受任者は，委任事務を処理するため自己に過失なく損害を受けたときは，委任者に対し，その賠償を請求することができる。
第651条［委任の解除］委任は，各当事者がいつでもその解除をすることができる。
❷前項の規定により委任の解除をした者は，次に掲げる場合には，相手方の損害を賠償しなければならない。ただし，やむを得ない事由があったときは，この限りでない。
一　相手方に不利な時期に委任を解除したとき。
二　委任者が受任者の利益(専ら報酬を得ることによるものを除く。)をも目的とする委任を解除したとき。
第652条［委任の解除の効力］第620条の規定は，委任について準用する。
第653条［委任の終了事由］委任は，次に掲げる事由によって終了する。
一　委任者又は受任者の死亡
二　委任者又は受任者が破産手続開始の決定を受けたこと。
三　受任者が後見開始の審判を受けたこと。
第654条［委任の終了後の処分］委任が終了した場合において，急迫の事情があるときは，受任者又はその相続人若しくは法定代理人は，委任者又はその相続人若しくは法定代理人が委任事務を処理することができるに至るまで，必要な処分をしなければならない。
第655条［委任の終了の対抗要件］委任の終了事由は，これを相手方に通知したとき，又は相手方がこれを知っていたときでなければ，これをもってその相手方に対抗することができない。
第656条［準委任］この節の規定は，法律行為でない事務の委託について準用する。

第11節　寄託

第657条［寄託］寄託は，当事者の一方がある物を保管することを相手方に委託し，相手方がこれを承諾することによって，その効力を生ずる。
第 657 条の 2 [寄託物受取り前の寄託者による寄託の解除等] 寄託者は，受寄者が寄託物を受け取るまで，契約の解除をすることができる。この場合において，受寄者は，その契約の解除によって損害を受けたときは，寄託者に対し，その賠償を請求することができる。
❷無報酬の受寄者は，寄託物を受け取るまで，契約の解除をすることができる。ただし，書面による寄託については，この限りでない。
❸受寄者(無報酬で寄託を受けた場合にあっては，書面による寄託の受寄者に限る。)は，寄託物を受け取るべき時期を経過したにもかかわらず，寄託者が寄託物を引き渡さない場合において，相当の期間を定めてその引渡しの催告をし，その期間内に引渡しがないときは，契約の解除をすることができる。
第 658 条 [寄託物の使用及び第三者による保管] 受寄者は，寄託者の承諾を得なければ，寄託物を使用することができない。
❷受寄者は，寄託者の承諾を得たとき，又はやむを得ない事由があるときでなければ，寄託物を第三者に保管させることができない。
❸再受寄者は，寄託者に対して，その権限の範囲内において，受寄者と同一の権利を有し，義務を負う。
第 659 条 [無報酬の受寄者の注意義務] 無報酬の受寄者は，自己の財産に対するのと同一の注意をもって，寄託物を保管する義務を負う。
第 660 条 [受寄者の通知義務等] 寄託物について権利を主張する第三者が受寄者に対して訴えを提起し，又は差押え，仮差押え若しくは仮処分をしたときは，受寄者は，遅滞なくその事実を寄託者に通知しなければならない。ただし，寄託者が既にこれを知っているときは，この限りでない。
❷第三者が寄託物について権利を主張する場合であっても，受寄者は，寄託者の指図がない限り，寄託者に対しその寄託物を返還しなければならない。ただし，受寄者が前項の通知をした場合又は同項ただし書の規定によりその通知を要しない場合において，その寄託物をその第三者に引き渡すべき旨を命ずる確定判決(確定判決と同一の効力を有するものを含む。)があったときであって，その第三者にその寄託物を引き渡したときは，この限りでない。
❸受寄者は，前項の規定により寄託者に対して寄託物を返還しなければならない場合には，寄託者にその寄託物を引き渡したことによって第三者に損害が生じたときであっても，その賠償の責任を負わない。
第 661 条 [寄託者による損害賠償] 寄託者は，寄託物の性質又は瑕疵によって生じた損害を受寄者に賠償しなければならない。ただし，寄託者が過失なくその性質若しくは瑕疵を知らなかったとき，又は受寄者がこれを知っていたときは，この限りでない。

第662条［寄託者による返還請求等］当事者が寄託物の返還の時期を定めたときであっても，寄託者は，いつでもその返還を請求することができる。
❷前項に規定する場合において，受寄者は，寄託者がその時期の前に返還を請求したことによって損害を受けたときは，寄託者に対し，その賠償を請求することができる。
第663条［寄託物の返還の時期］当事者が寄託物の返還の時期を定めなかったときは，受寄者は，いつでもその返還をすることができる。
❷返還の時期の定めがあるときは，受寄者は，やむを得ない事由がなければ，その期限前に返還をすることができない。
第664条［寄託物の返還の場所］寄託物の返還は，その保管をすべき場所でしなければならない。ただし，受寄者が正当な事由によってその物を保管する場所を変更したときは，その現在の場所で返還をすることができる。
第664条の2［損害賠償及び費用の償還の請求権についての期間の制限］寄託物の一部滅失又は損傷によって生じた損害の賠償及び受寄者が支出した費用の償還は，寄託者が返還を受けた時から1年以内に請求しなければならない。
❷前項の損害賠償の請求権については，寄託者が返還を受けた時から1年を経過するまでの間は，時効は，完成しない。
第665条［委任の規定の準用］第646条から第648条まで，第649条並びに第650条第1項及び第2項の規定は，寄託について準用する。
第665条の2［混合寄託］複数の者が寄託した物の種類及び品質が同1である場合には，受寄者は，各寄託者の承諾を得たときに限り，これらを混合して保管することができる。
❷前項の規定に基づき受寄者が複数の寄託者からの寄託物を混合して保管したときは，寄託者は，その寄託した物と同じ数量の物の返還を請求することができる。
❸前項に規定する場合において，寄託物の一部が滅失したときは，寄託者は，混合して保管されている総寄託物に対するその寄託した物の割合に応じた数量の物の返還を請求することができる。この場合においては，損害賠償の請求を妨げない。
第666条［消費寄託］受寄者が契約により寄託物を消費することができる場合には，受寄者は，寄託された物と種類，品質及び数量の同じ物をもって返還しなければならない。
❷第590条及び第592条の規定は，前項に規定する場合について準用する。
❸第591条第2項及び第3項の規定は，預金又は貯金に係る契約により金銭を寄託した場合について準用する。

第12節　組合

第667条［組合契約］組合契約は，各当事者が出資をして共同の事業を営むことを約することによって，その効力を生ずる。

❷出資は，労務をその目的とすることができる。

第667条の2［他の組合員の債務不履行］第533条及び第536条の規定は，組合契約については，適用しない。

❷組合員は，他の組合員が組合契約に基づく債務の履行をしないことを理由として，組合契約を解除することができない。

第667条の3［組合員の1人についての意思表示の無効等］組合員の1人について意思表示の無効又は取消しの原因があっても，他の組合員の間においては，組合契約は，その効力を妨げられない。

第668条［組合財産の共有］各組合員の出資その他の組合財産は，総組合員の共有に属する。

第669条［金銭出資の不履行の責任］金銭を出資の目的とした場合において，組合員がその出資をすることを怠ったときは，その利息を支払うほか，損害の賠償をしなければならない。

第670条［業務の決定及び執行の方法］組合の業務は，組合員の過半数をもって決定し，各組合員がこれを執行する。

❷組合の業務の決定及び執行は，組合契約の定めるところにより，1人又は数人の組合員又は第三者に委任することができる。

❸前項の委任を受けた者(以下「業務執行者」という。)は，組合の業務を決定し，これを執行する。この場合において，業務執行者が数人あるときは，組合の業務は，業務執行者の過半数をもって決定し，各業務執行者がこれを執行する。

❹前項の規定にかかわらず，組合の業務については，総組合員の同意によって決定し，又は総組合員が執行することを妨げない。

❺組合の常務は，前各項の規定にかかわらず，各組合員又は各業務執行者が単独で行うことができる。ただし，その完了前に他の組合員又は業務執行者が異議を述べたときは，この限りでない。

第670条の2［組合の代理］各組合員は，組合の業務を執行する場合において，組合員の過半数の同意を得たときは，他の組合員を代理することができる。

❷前項の規定にかかわらず，業務執行者があるときは，業務執行者のみが組合員を代理することができる。この場合において，業務執行者が数人あるときは，各業務執行者は，業務執行者の過半数の同意を得たときに限り，組合員を代理することができる。

❸前2項の規定にかかわらず，各組合員又は各業務執行者は，組合の常務を行うときは，単独で組合員を代理することができる。

第 671 条［委任の規定の準用］第 644 条から第 650 条までの規定は，組合の業務を決定し，又は執行する組合員について準用する。
第 672 条［業務執行組合員の辞任及び解任］組合契約の定めるところにより 1 人又は数人の組合員に業務の決定及び執行を委任したときは，その組合員は，正当な事由がなければ，辞任することができない。
❷前項の組合員は，正当な事由がある場合に限り，他の組合員の一致によって解任することができる。
第 673 条［組合員の組合の業務及び財産状況に関する検査］各組合員は，組合の業務の決定及び執行をする権利を有しないときであっても，その業務及び組合財産の状況を検査することができる。
第 674 条［組合員の損益分配の割合］当事者が損益分配の割合を定めなかったときは，その割合は，各組合員の出資の価額に応じて定める。
❷利益又は損失についてのみ分配の割合を定めたときは，その割合は，利益及び損失に共通であるものと推定する。
第 675 条［組合の債権者の権利の行使］組合の債権者は，組合財産についてその権利を行使することができる。
❷組合の債権者は，その選択に従い，各組合員に対して損失分担の割合又は等しい割合でその権利を行使することができる。ただし，組合の債権者がその債権の発生の時に各組合員の損失分担の割合を知っていたときは，その割合による。
第 676 条［組合員の持分の処分及び組合財産の分割］組合員は，組合財産についてその持分を処分したときは，その処分をもって組合及び組合と取引をした第三者に対抗することができない。
❷組合員は，組合財産である債権について，その持分についての権利を単独で行使することができない。
❸組合員は，清算前に組合財産の分割を求めることができない。
第 677 条［組合財産に対する組合員の債権者の権利の行使の禁止］組合員の債権者は，組合財産についてその権利を行使することができない。
第 677 条の 2［組合員の加入］組合員は，その全員の同意によって，又は組合契約の定めるところにより，新たに組合員を加入させることができる。
❷前項の規定により組合の成立後に加入した組合員は，その加入前に生じた組合の債務については，これを弁済する責任を負わない。
第 678 条［組合員の脱退］組合契約で組合の存続期間を定めなかったとき，又はある組合員の終身の間組合が存続すべきことを定めたときは，各組合員は，いつでも脱退することができる。ただし，やむを得ない事由がある場合を除き，組合に不利な時期に脱退することができない。
❷組合の存続期間を定めた場合であっても，各組合員は，やむを得ない事由があるときは，脱退することができる。

第679条　前条の場合のほか，組合員は，次に掲げる事由によって脱退する。
一　死亡
二　破産手続開始の決定を受けたこと。
三　後見開始の審判を受けたこと。
四　除名
第680条［組合員の除名］組合員の除名は，正当な事由がある場合に限り，他の組合員の一致によってすることができる。ただし，除名した組合員にその旨を通知しなければ，これをもってその組合員に対抗することができない。
第680条の2［脱退した組合員の責任等］脱退した組合員は，その脱退前に生じた組合の債務について，従前の責任の範囲内でこれを弁済する責任を負う。この場合において，債権者が全部の弁済を受けない間は，脱退した組合員は，組合に担保を供させ，又は組合に対して自己に免責を得させることを請求することができる。
❷脱退した組合員は，前項に規定する組合の債務を弁済したときは，組合に対して求償権を有する。
第681条［脱退した組合員の持分の払戻し］脱退した組合員と他の組合員との間の計算は，脱退の時における組合財産の状況に従ってしなければならない。
❷脱退した組合員の持分は，その出資の種類を問わず，金銭で払い戻すことができる。
❸脱退の時にまだ完了していない事項については，その完了後に計算をすることができる。
第682条［組合の解散事由］組合は，次に掲げる事由によって解散する。
一　組合の目的である事業の成功又はその成功の不能
二　組合契約で定めた存続期間の満了
三　組合契約で定めた解散の事由の発生
四　総組合員の同意
第683条［組合の解散の請求］やむを得ない事由があるときは，各組合員は，組合の解散を請求することができる。
第684条［組合契約の解除の効力］第620条の規定は，組合契約について準用する。
第685条［組合の清算及び清算人の選任］組合が解散したときは，清算は，総組合員が共同して，又はその選任した清算人がこれをする。
❷清算人の選任は，組合員の過半数で決する。
第686条［清算人の業務の決定及び執行の方法］第670条第3項から第5項まで並びに第670条の2第2項及び第3項の規定は，清算人について準

用する。
第687条［組合員である清算人の辞任及び解任］第672条の規定は，組合契約の定めるところにより組合員の中から清算人を選任した場合について準用する。
第688条［清算人の職務及び権限並びに残余財産の分割方法］清算人の職務は，次のとおりとする。
一　現務の結了
二　債権の取立て及び債務の弁済
三　残余財産の引渡し
❷清算人は，前項各号に掲げる職務を行うために必要な一切の行為をすることができる。
❸残余財産は，各組合員の出資の価額に応じて分割する。

第13節　終身定期金

第689条［終身定期金契約］終身定期金契約は，当事者の一方が，自己，相手方又は第三者の死亡に至るまで，定期に金銭その他の物を相手方又は第三者に給付することを約することによって，その効力を生ずる。
第690条［終身定期金の計算］終身定期金は，日割りで計算する。
第691条［終身定期金契約の解除］終身定期金債務者が終身定期金の元本を受領した場合において，その終身定期金の給付を怠り，又はその他の義務を履行しないときは，相手方は，元本の返還を請求することができる。この場合において，相手方は，既に受け取った終身定期金の中からその元本の利息を控除した残額を終身定期金債務者に返還しなければならない。
❷前項の規定は，損害賠償の請求を妨げない。
第692条［終身定期金契約の解除と同時履行］第533条の規定は，前条の場合について準用する。
第693条［終身定期金債権の存続の宣告］終身定期金債務者の責めに帰すべき事由によって第689条に規定する死亡が生じたときは，裁判所は，終身定期金債権者又はその相続人の請求により，終身定期金債権が相当の期間存続することを宣告することができる。
❷前項の規定は，第691条の権利の行使を妨げない。
第694条［終身定期金の遺贈］この節の規定は，終身定期金の遺贈について準用する。

第14節　和解

第695条［和解］和解は，当事者が互いに譲歩をしてその間に存する争いをやめることを約することによって，その効力を生ずる。
第696条［和解の効力］当事者の一方が和解によって争いの目的である権

利を有するものと認められ，又は相手方がこれを有しないものと認められた場合において，その当事者の一方が従来その権利を有していなかった旨の確証又は相手方がこれを有していた旨の確証が得られたときは，その権利は，和解によってその当事者の一方に移転し，又は消滅したものとする。

第3章　事務管理

第697条［事務管理］義務なく他人のために事務の管理を始めた者(以下この章において「管理者」という。)は，その事務の性質に従い，最も本人の利益に適合する方法によって，その事務の管理(以下「事務管理」という。)をしなければならない。
❷管理者は，本人の意思を知っているとき，又はこれを推知することができるときは，その意思に従って事務管理をしなければならない。
第698条［緊急事務管理］管理者は，本人の身体，名誉又は財産に対する急迫の危害を免れさせるために事務管理をしたときは，悪意又は重大な過失があるのでなければ，これによって生じた損害を賠償する責任を負わない。
第699条［管理者の通知義務］管理者は，事務管理を始めたことを遅滞なく本人に通知しなければならない。ただし，本人が既にこれを知っているときは，この限りでない。
第700条［管理者による事務管理の継続］管理者は，本人又はその相続人若しくは法定代理人が管理をすることができるに至るまで，事務管理を継続しなければならない。ただし，事務管理の継続が本人の意思に反し，又は本人に不利であることが明らかであるときは，この限りでない。
第701条［委任の規定の準用］第645条から第647条までの規定は，事務管理について準用する。
第702条［管理者による費用の償還請求等］管理者は，本人のために有益な費用を支出したときは，本人に対し，その償還を請求することができる。
❷第650条第2項の規定は，管理者が本人のために有益な債務を負担した場合について準用する。
❸管理者が本人の意思に反して事務管理をしたときは，本人が現に利益を受けている限度においてのみ，前2項の規定を適用する。

第4章　不当利得

第703条［不当利得の返還義務］法律上の原因なく他人の財産又は労務によって利益を受け，そのために他人に損失を及ぼした者(以下この章において「受益者」という。)は，その利益の存する限度において，これを返還する義務を負う。
第704条［悪意の受益者の返還義務等］悪意の受益者は，その受けた利益に利息を付して返還しなければならない。この場合において，なお損害があるときは，その賠償の責任を負う。
第 705 条 [債務の不存在を知ってした弁済] 債務の弁済として給付をした者は，その時において債務の存在しないことを知っていたときは，その給付したものの返還を請求することができない。
第 706 条 [期限前の弁済] 債務者は，弁済期にない債務の弁済として給付をしたときは，その給付したものの返還を請求することができない。ただし，債務者が錯誤によってその給付をしたときは，債権者は，これによって得た利益を返還しなければならない。
第 707 条 [他人の債務の弁済] 債務者でない者が錯誤によって債務の弁済をした場合において，債権者が善意で証書を滅失させ若しくは損傷し，担保を放棄し，又は時効によってその債権を失ったときは，その弁済をした者は，返還の請求をすることができない。
❷前項の規定は，弁済をした者から債務者に対する求償権の行使を妨げない。
第 708 条 [不法原因給付] 不法な原因のために給付をした者は，その給付したものの返還を請求することができない。ただし，不法な原因が受益者についてのみ存したときは，この限りでない。

第 5 章　不法行為

第 709 条 [不法行為による損害賠償] 故意又は過失によって他人の権利又は法律上保護される利益を侵害した者は，これによって生じた損害を賠償する責任を負う。
第 710 条 [財産以外の損害の賠償] 他人の身体，自由若しくは名誉を侵害した場合又は他人の財産権を侵害した場合のいずれであるかを問わず，前条の規定により損害賠償の責任を負う者は，財産以外の損害に対しても，その賠償をしなければならない。
第 711 条 [近親者に対する損害の賠償] 他人の生命を侵害した者は，被害者の父母，配偶者及び子に対しては，その財産権が侵害されなかった場合においても，損害の賠償をしなければならない。
第 712 条 [責任能力] 未成年者は，他人に損害を加えた場合において，自己の行為の責任を弁識するに足りる知能を備えていなかったときは，その行為について賠償の責任を負わない。
第 713 条　精神上の障害により自己の行為の責任を弁識する能力を欠く状態にある間に他人に損害を加えた者は，その賠償の責任を負わない。ただし，故意又は過失によって一時的にその状態を招いたときは，この限りでない。
第 714 条 [責任無能力者の監督義務者等の責任] 前 2 条の規定により責任無能力者がその責任を負わない場合において，その責任無能力者を監督する法定の義務を負う者は，その責任無能力者が第三者に加えた損害を賠償する責任を負う。ただし，監督義務者がその義務を怠らなかったとき，又はその義務を怠らなくても損害が生ずべきであったときは，この限りでない。
❷監督義務者に代わって責任無能力者を監督する者も，前項の責任を負う。
第715条［使用者等の責任］ある事業のために他人を使用する者は，被用者がその事業の執行について第三者に加えた損害を賠償する責任を負う。ただし，使用者が被用者の選任及びその事業の監督について相当の注意をしたとき，又は相当の注意をしても損害が生ずべきであったときは，この限りでない。
❷使用者に代わって事業を監督する者も，前項の責任を負う。
❸前2項の規定は，使用者又は監督者から被用者に対する求償権の行使を妨げない。
第716条［注文者の責任］注文者は，請負人がその仕事について第三者に加えた損害を賠償する責任を負わない。ただし，注文又は指図についてその注文者に過失があったときは，この限りでない。
第717条［土地の工作物等の占有者及び所有者の責任］土地の工作物の設置又は保存に瑕疵があることによって他人に損害を生じたときは，その工作物の占有者は，被害者に対してその損害を賠償する責任を負う。ただし，占有者が損害の発生を防止するのに必要な注意をしたときは，所有者がその損害を賠償しなければならない。
❷前項の規定は，竹木の栽植又は支持に瑕疵がある場合について準用する。
❸前2項の場合において，損害の原因について他にその責任を負う者があるときは，占有者又は所有者は，その者に対して求償権を行使することができる。
第718条［動物の占有者等の責任］動物の占有者は，その動物が他人に加えた損害を賠償する責任を負う。ただし，動物の種類及び性質に従い相当の注意をもってその管理をしたときは，この限りでない。
❷占有者に代わって動物を管理する者も，前項の責任を負う。
第719条［共同不法行為者の責任］数人が共同の不法行為によって他人に損害を加えたときは，各自が連帯してその損害を賠償する責任を負う。共同行為者のうちいずれの者がその損害を加えたかを知ることができないときも，同様とする。
❷行為者を教唆した者及び幇助した者は，共同行為者とみなして，前項の規定を適用する。
第720条［正当防衛及び緊急避難］他人の不法行為に対し，自己又は第三者の権利又は法律上保護される利益を防衛するため，やむを得ず加害行為をした者は，損害賠償の責任を負わない。ただし，被害者から不法行為をした者に対する損害賠償の請求を妨げない。

❷前項の規定は，他人の物から生じた急迫の危難を避けるためその物を損傷した場合について準用する。
第 721 条 [損害賠償請求権に関する胎児の権利能力] 胎児は，損害賠償の請求権については，既に生まれたものとみなす。
第 722 条 [損害賠償の方法，中間利息の控除及び過失相殺] 第 417 条及び第 417 条の 2 の規定は，不法行為による損害賠償について準用する。
❷被害者に過失があったときは，裁判所は，これを考慮して，損害賠償の額を定めることができる。
第 723 条 [名誉毀損における原状回復] 他人の名誉を毀き 損した者に対しては，裁判所は，被害者の請求により，損害賠償に代えて，又は損害賠償とともに，名誉を回復するのに適当な処分を命ずることができる。
第 724 条 [不法行為による損害賠償請求権の消滅時効] 不法行為による損害賠償の請求権は，次に掲げる場合には，時効によって消滅する。
一　被害者又はその法定代理人が損害及び加害者を知った時から 3 年間行使しないとき。
二　不法行為の時から 20 年間行使しないとき。
第 724 条の 2 [人の生命又は身体を害する不法行為による損害賠償請求権の消滅時効] 人の生命又は身体を害する不法行為による損害賠償請求権の消滅時効についての前条第 1 号の規定の適用については，同号中「3 年間」とあるのは，「5 年間」とする。

さくいん

あ

か

さ

た

は

ま

や

ら

わ

著　者　プ　ロ　フ　ィ　ー　ル

尾崎哲夫 (Ozaki Tetsuo)

1953年大阪生まれ。1976年早稲田大学法学部卒業。2000年早稲田大学大学院アジア太平洋研究科国際関係専攻修了。2008年米国ルイス・アンド・クラーク法科大学院留学。
松下電送機器(株)勤務，関西外国語大学短期大学部教授，近畿大学教授を経て，現在研究・執筆中。
主な著書に，「ビジネスマンの基礎英語」(日経文庫)「海外個人旅行のススメ」「海外個人旅行のヒケツ」(朝日新聞社)「大人のための英語勉強法」(PHP文庫)「私の英単語帳を公開します!」(幻冬舎)「法律英語用語辞典」「条文ガイド六法　会社法」「条文ガイド六法　民法」「はじめての民法総則」「はじめての会社法」「はじめての知的財産法」「はじめての行政法」「はじめての労働法」「国際商取引法入門」(自由国民社) 他多数がある。

[Blog] http://tetsuoozaki.blogspot.com/
[E-Mail] ted.ozaki@gmail.com
[Web] http://www.ozaki.to

About the Author

Ozaki Tetsuo, born in Japan in 1953, was a professor at Kinki University.
Graduating from Waseda University at Law Department in April 1976, he was hired as an office worker at Matsushitadenso (Panasonic group). He graduated from graduate school of Asia-Pacific Studies at Waseda University in 2000. He studied abroad at Lewis & Clark Law school in the United States in 2008. Prior to becoming a professor at Kinki University he was a professor at Kansaigaikokugo college (from April 2001 to September 2004).
He has been publishing over two hundred books including,
A Dictionary of English Legal Terminology, Tokyo : Jiyukokuminsha, 2003
The Law and History of America, Tokyo : Jiyukokuminsha, 2004
An introduction to legal English, Tokyo : Jiyukokuminsha, 2003
English Study Method for Adults, Tokyo : PHP, 2001
The Dictionary to learn Legal Terminology, Tokyo : Jiyukokuminsha, 2002
The first step of Legal seminar series (over 20 books series), Tokyo : Jiyukokuminsha, 1997～
The Fundamental English for business person, Tokyo : Nihonkeizaishinbunsha (Nikkei), 1994
The Recommendation of Individual Foreign Travel, Tokyo : Asahishinbunsha, 1999
The Key to Individual Foreign Travel, Tokyo : Asahishinbunsha, 2000
Master in TOEIC test, Tokyo : PHP, 2001
Basic English half an hour a day, Tokyo : Kadokawashoten, 2002
I show you my studying notebook of English words, Tokyo : Gentosha, 2004
American Legal Cinema and English, Tokyo : Jiyukokuminsha, 2005,

and other lots of books.
He has also translated the following book.
Feinman, Jay, *LAW 101 Everything you need to know about the American Legal System*, England : Oxford University Press, 2000
＊These book titles translated in English. The original titles are published in Japanese language.

［3日でわかる法律入門］
はじめての債権各論（さいけんかくろん）
1998年3月15日　初版発行
2018年7月5日　第9版第1刷発行
著　者――尾崎哲夫
発行者――伊藤　滋
印刷所――横山印刷株式会社
製本所――新風製本株式会社
発行所――株式会社自由国民社
〒171-0033　東京都豊島区高田3－10－11
TEL 03（6233）0781（代）　振替　00100-6-189009
http://www.jiyu.co.jp/